Kauderwelsch
volume 141

AF642817

Foto: Jim McDonald (DZT)

Uno dei luoghi da visitare più richiesti della Germania, è il Castello di Neuschwanstein.

Impressum

Claudia Schmidt
Tedesco – parola per parola
Reise Know-How Verlag Peter Rump GmbH
Osnabrücker Str. 79, D-33649 Bielefeld
info@reise-know-how.de

Revisione & Layout Kerstin Belz
Concetto del Layout Günter Pawlak, FaktorZwo! Bielefeld
Copertina Peter Rump
Cartografia Iain Macneish
Foto Deutsche Zentrale für Tourismus (DZT), Gunda Urban (GU), Christine Schönfeld (CS), pure-life-pictures@fotolia.com, AVTG@fotolia.com, Kzenon@fotolia.com, abr68@fotolia.com
Stampa e rilegatura Werbedruck Horst Schreckhase GmbH, Spangenberg

ISBN: 978-3-8317-6507-2
Printed in Germany

Chi non ha la fortuna di trovare i nostri libri nelle librerie, può comprarli (le spese di porto ed imballaggio extra) direttamente sul nostro shop online:
www.reise-know-how.de

I siti web con gli esempi di pronuncia e l'accesso ad essi tramite i codici QR, è un servizio extra e gratuito della casa editrice. La casa editrice si riserva di limitare la messa a disposizione del servizio al livello del contenuto e della disponibilità temporale. La casa editrice non si assume alcuna responsabilità per il funzionamento dei siti e per danni che risultano a causa dell'uso dei siti. Non c'è nessun diritto alla disposizione illimitata delle pagine web.

La casa editrice vuole ampliare la **collana Kauderwelsch** ed è in ricerca di autori! Per maggiori informazioni:
www.reise-know-how.de/rkh_mitarbeit.php

Kauderwelsch

Claudia Schmidt

Tedesco

parola per parola

Kauderwelsch significa:

- Iniziare subito **a parlare,** anche se non è sempre tutto corretto.
- La parte più importante della grammatica viene spiegata in parole semplici.
- Tutte le frasi di esempio vengono tradotte in duplice copia al italiano: prima **parola per parola** e poi al „italiano normale“. La traduzione parola per parola aiuta a capire più velocemente la nuova nuova, inoltre così diventa più facile scambiare parole singole con altre nella lingua straniera.
- Il punto centrale è la **lingua quotidiana,** quindi quella che si sente realmente parlare sulle strade.
- Gli **autori** sono viaggiatori che hanno imparato la lingua nel paese stesso o parlanti madrelingua.

I manuali di conversazione Kauderwelsch non sono classici manuali, e sono molto più che dei manuali di conversazione per viaggi tradizionali.

Chi investe un po' di tempo, chi impara alcuni vocaboli e chi usa la lingua nel paese stesso, **aprirà porte, regalerà sorrisi e farà esperienze più valorose.**

Talk to each other!

Contenuto

Contenuto

Foto: Kronenschlösschen (DZT)

L'albergo „Kronenschlösschen“ ad Eltville sul Reno

Prefazione

Qualunque sia la meta dei nostri viaggi, è possibile conoscere il paese e la popolazione locale soltanto se si parla la loro lingua. Non è necessario conoscerla a livello accademico. All'inizio è importante farsi capire. Tutto il resto si impara mettendo alla prova le proprie conoscenze nel paese. Solo in tal modo verrete a contatto con la realtà del paese.

Certamente il tedesco non fa parte delle lingue più facili. L'ortografia e la pronuncia così come la declinazione dei nomi e degli aggettivi è senz'altro complicata. Per questo motivo sono stati inseriti in questo corso la trascrizione fonetica e la traduzione letterale che vi saranno di grande aiuto.

Il volume „Tedesco“ trasmette conoscenze fondamentali della lingua tedesca che vengono rappresentate chiaramente, in modo poco convenzionale e soprattutto non esige conoscenze preliminari.

La conversazione contiene le frasi fondamentali più usate e le frasi idiomatiche che sono suddivise in base ad importanti situazioni della vita quotidiana del turista. Inoltre troverete molte utili informazioni.

Vi auguro buon divertimento nel mettere in pratica quanto appreso in questo corso.

Claudia Schmidt

Indicazioni per usare il corso

Il Kauderwelsch-volume „Tedesco“ è diviso in tre parti importanti.

la grammatica

La grammatica si limita all'essenziale ed è rappresentata nel modo più semplice possibile. Per questa ragione non sono spiegate tutte le eccezioni ed irregolarità della lingua tedesca. Quelli che intendono imparare più profondamente la grammatica tedesca trovano nell'appendice una lista di libri sulla grammatica. Fatte queste premesse, possiamo cominciare subito con la conversazione. Se si incontreranno delle difficoltà, si potrà dare ancora un'occhiata alla grammatica.

la conversazione

In questa parte troverete delle frasi prese dalla vita quotidiana, che danno una prima impressione di come funziona la lingua tedesca e che vi preparano a quello che sentirete in Germania.

Con l'aiuto della traduzione letterale in poco tempo potrete comporre nuove frasi. Potete usare le frasi paradigmatiche come schemi fissi e come modelli da adattare alle vostre necessità. La maggior parte delle frasi paradigmatiche sono suddivise secondo situazioni della vita quotidiana („salutare“). Con un pò di creatività e coraggio potrete „costruire“ facilmente frasi nuove, anche se il risultato non sarà subito perfetto.

il vocabolario

I vocaboli che troverete nell'appendice vi saranno di grande aiuto. Si tratta di un vocabolario base di 1000 parole (italiano-tedesco e tedesco-italiano) che vi permetterà di raggiungere già un apprezzabile risultato.

la traduzione letterale

Ogni lingua ha una sua tipica costruzione della frase. Per capire la differenza dall'italiano è stata aggiunta la traduzione letterale. Ad ogni parola tedesca corrisponde una parola nella traduzione letterale. Se una parola tedesca viene tradotta da due parole italiane le due parole italiane vengono legate da una lineetta.

Was wünschen Sie?	**originale tedesco**
vas vünscen sii	*trascrizione fonetica*
che-cosa desiderano Loro	*parola per parola*
Che cosa desidera?	traduzione

Se in una frase ci sono parole che si possono scambiare queste sono divise da una barra obliqua:

Ich bin Italiener/Italienerin.
ich bin italyéenèr/italyéenerin
io sono italiano/italiana
Sono italiano/italiana.

Wie geht es dir/Ihnen?
vii ghéet ès dir/iinen
come va lo ti³/ti³
Come stai/va?

Indicazioni per usare il corso

In tedesco nomi, aggettivi, articoli, pronomi, ecc. vengono declinati. Di che caso si tratta si può vedere dal piccolo numero posto in alto (2, 3 o 4) che sta dietro la parola declinata.

la copertina

La copertina aiuta a disporre subito delle più importanti frasi e formulazioni. Qui si trovano anche le più importanti indicazioni per la pronuncia e le abbreviazioni che sono usate nella traduzione letterale e nella lista dei vocaboli; inoltre una lista dei più importanti pronomi interrogativi, indicazioni della direzione e del tempo. – A chi non è capitato di fraintendere gesti un paese straniero?

Quando non riuscirete ad andare avanti, allora si potrà ricorrere al capitolo „Non è chiaro? – Ripassare!“. Si trova anche nella copertina ed è sempre pronto a venire in soccorso con la frase giusta „Non ho capito.“ e „Ripeta, per favore.“

TrainerPronuncia

TrainerPronuncia Kauderwelsch è disponibile sotto il seguente link:

www.reise-know-how.de

Tutte le frasi che vengono lette sul Trainer-Pronuncia sono segnate con un orecchio:

La lingua tedesca

La lingua tedesca appartiene, così come l'inglese, l'olandese, il danese, lo svedese, il norvegese e l'islandese alle lingue germaniche delle lingue indoeuropee. L'italiano invece appartiene alle lingue italiche delle lingue indoeuropee. Ma ci sono alcuni campi semantici che le diverse lingue hanno in comune, per esempio alcune denominazioni di parentela oppure alcune denominazioni di animali domestici, animali selvaggi, da allevamento o alcuni alberi.

Fino alla standardizzazione della lingua tedesca che si è conclusa intorno al 1900 il germanico e la lingua tedesca hanno percorso un grande sviluppo. I tratti più caratteristici sono le due rotazioni consonantiche. L'inizio della lingua tedesca si vede nella seconda rotazione consonantica del germanico (6°-7° secolo): dai suoni germanici p, t e k sono derivati nell'alto tedesco (Hochdeutsch) i suoni pf/ff, ts/ss e ks/ch. Nel medio alto tedesco si sono avute tra l'altro le metafonie ä, ö, ü, e dal suono sk ne è venuto sch.

Hochdeutsch

C'è voluto molto tempo perché la lingua tedesca potesse imporsi come lingua scritta accanto al latino. Fino alla metà dell'8° secolo l'antico alto tedesco (Althochdeutsch, 750-1050) è stato soltanto parlato, mentre il latino era la lingua della burocrazia e della Chiesa. La prima letteratura in antico alto tedesco si ha a

Althochdeutsch

partire da Carlo Magno (747-814) che fece tradurre il padrenostro ed altri testi religiosi in lingua volgare per realizzare il suo programma culturale (incentivazione della cultura generale).

Mittelhochdeutsch

Nel medio alto tedesco (Mittelhochdeutsch, 1050-1350) la lingua volgare veniva scritta già più spesso, ed atti ufficiali non venivano formulati soltanto in latino.

Frühneuhochdeutsch

Il primo nuovo alto tedesco (Frühneuhochdeutsch, 1350-1650) fu un periodo transitorio nella quale si ebbe un gran numero di dialetti scritti, senza una ortografia unificata e un lessico comune. Comunque intorno al 1570 il 70% dei libri in area tedesca erano pur sempre scritti in latino, 200 anni dopo soltanto il 17% e nel 1800 soltanto il 4%.

Neuhochdeutsch

Il nuovo alto tedesco (Neuhochdeutsch) si colloca fra il 1650 e il 1900. Con il nostro secolo comincia anche la standardizzazione della lingua tedesca: sono nate accademie della lingua (all'inizio sull'esempio di quelle italiane), grammatici, lessicografi hanno naturalmente contribuito alla standardizzazione della lingua. L'interesse degli umanisti per la lingua tedesca è cresciuta a misura che la lingua nazionale si è rafforzata in Germania. Nel 18° secolo la lingua tedesca si è affermata come lingua dell'insegnamento nelle università. Nella metà del 18° secolo con il cambiamento delle abitudini alla lettura la lingua tedesca si è imposta sempre di più. Non soltanto testi religiosi venivano letti, ma anche delle opere letterarie e dei giornali. Nel 1900 la standardizzazione era compiuta, mentre l'istruzione obbligatoria comune è andata sempre più affermando.

Determinante per lo sviluppo della lingua tedesca sono alcuni personaggi importanti:

Johann Gutenberg

Johann Gutenberg (1397-1468) inventa nel 1440 la macchina tipografica con caratteri mobili. L'invenzione della stampa ha come conseguenza che ora dei testi possono raggiungere più facilmente un pubblico più vasto, tanto più che dal 1390 si può fabbricare carta e non si è più legati alla pergamena, la cui preparazione è laboriosa e costosa.

Martin Luther

Certamente Martin Luther (1483-1546) non è ritenuto come creatore del nuovo alto tedesco con la sua traduzione della Bibbia (1521-34), ma ha il merito di aspirare ad uno stile chiaro e facilmente comprensibile e ha sempre davanti agli occhi il modello della lingua popolare parlata. La sua lingua ed il suo enorme talento linguistico hanno un immenso vigore normativo.

Foto: AVTG@fotolia.com

Monumento di Martin Lutero (Eisleben)

La lingua tedesca

Johann Christoph Gottsched

Johann Christoph Adelung

Jacob e Wilhelm Grimm

Konrad Duden

Un influsso decisivo sulla standardizzazione della lingua tedesca hanno Johann Christoph Gottsched (1700-1766) con il suo „Grundlegung einer deutschen Sprachkunst" (Il fondamento di un'arte della lingua, 1748) e Johann Christoph Adelung, che in opere diverse sfrutta le teorie di Gottsched per la pratica. I fratelli Jacob (1785-1863) e Wilhelm Grimm (1786-1859) vengono ritenuti come fondatori della germanistica tedesca. Scrivono tra l'altro la „Deutsche Grammatik" (Grammatica Tedesca, 1819-37) ed il „Deutsches Wörterbuch" (Dizionario Tedesco) che è stato completato solo nel 1960 (quando morì Jacob Grimm era appena stata completata la lettera F). Jacob Grimm propone tra l'altro la grafia con iniziale minuscola per nomi che non si è affermata (ancora) fino ad oggi. I fratelli Grimm sono famosi anche per la raccolta e la pubblicazione delle „Kind- und Hausmärchen" (Fiabe, 1812-22) e delle „Deutsche Sagen" (Saghe tedesche, 1816-18). Konrad Duden (1829-1911) scrive nel 1880 l'„Orthographisches Wörterbuch" (Dizionario ortografico) che ancor oggi resta lo strumento più autorevole di consultazione in tutti i casi dubbi della lingua tedesca.

100 km
NORDSEE
OSTSEE
DK
Flensburg
Kiel
Rostock
Gdansk
Hamburg
Elbe
Bremen
Amsterdam
NL
Den Haag
Hannover
Berlin
Poznan
POLEN
Bielefeld
Magdeburg
Essen
Dortmund
Rhein
Brüssel
Köln
Leipzig
Dresden
B
DEUTSCHLAND
Frankfurt
Prag
L
TSCHECHIEN
Nürnberg
FRANKREICH
Stuttgart
Strasbourg
München
Linz
Wien
SK
Donau
Konstanz
Zürich
Bern
FL
Innsbruck
ÖSTERREICH
Graz
SCHWEIZ
Genf
H
Lyon
ITALIEN
SLO
HR

Pronuncia e accentazione

L'alfabeto tedesco ha 26 lettere:

a b c d e f g h i j k l m n o p q r s t u v w x y z

Quasi ogni lettera si può pronunciare in diversi modi: questo dipende dai contorni fonetici. Le regole per imparare la pronuncia esatta delle lettere tedesche sono abbastanza difficili. Per questo nel corso di lingua „Tedesco" è aggiunta una trascrizione fonetica che permette di leggere le parole e frasi facilmente. Nelle tabelle seguenti viene spiegata la pronuncia della grafia fonetica.

le vocali

a	„a" breve come in „b**a**mbino" **was?** *„vas"* (che cosa?)
ai	come „ai" in „ l**ai**cale" **Bein** *„bain"* (gamba)
au	come „au" in „c**au**sa" **Pause** *„pause"* (pausa)
e	come „e" in „luc**e**" **fallen** *„fallen"* (cadere)
é	„e" chiusa come in „l**e**vare" **Sekunde** *„sékunde"* (secondo)
è	„e" aperta come in „b**e**llo" **Bett** *„bèt"* (letto)
i	„i" come in „**i**dea" **Idee** *„idee"* (idea)

ó	„o" chiusa come in „**lo**dare" **sofort** *„sófòort"* (subito)
ò	„o" aperta come in „**o**cchio" **Gott** *„gòt"* (Dio)
ö	„ö" aperta come in „Heinrich B**ö**ll" **öffnen** *„öffnen"* (aprire)
oi	come „oi" in „p**oi**" **heute** *„hoite"* (oggi)
u	„u" come in „**lu**ngo" **Bus** *„bus"* (autobus)
ü	come la „u" francese **fünf** *„fünf"* (cinque)

scrittore tedesco

ée	lunga „e" chiusa come in „b**e**ne" **Weg** *„véek"* (via)
èe	lunga „e" aperta come in „pi**e**no" **während** *„vèerent"* (durante)
óo	lunga „o" chiusa come in „odi**o**so" **Boot** *„bóot"* (barca)
òo	lunga „o" aperta come in „flu**o**ro" **dort** *„dòort"* (lì, là)
öö	lunga „ö" chuisa come in „G**oe**the" **Goethe** *„gööte"*
üü	lunga, come la „u" francese **grün** *„grüün"* (verde)

Una vocale raddoppiata si pronuncia lunga. Date attenzione alle seguenti.

scrittore tedesco

ä, ö e ü non esistono nell'alfabeto italiano. In tedesco si chiamano „metafonie" e hanno molta importanza. Bisognerebbe esercitarle bene perché potrebbe accadere di non essere capiti nel caso si pronunci una ä come una a, una ö come una o oppure una ü come una u.

Pronuncia e accentazione

le consonanti

Le seguenti lettere della trascrizione fonetica si pronunciano o si possono pronunciare in un altro modo a differenza dell'italiano.

La „i" non viene pronunciata!

La „g" non viene chiaramente pronunciata!

ch	come nel nome „Don Qui**ch**otte" **ich** „*ich*" (io)
~~ch~~	come la „j" spagnola in „**J**uan" **lachen** „*la~~ch~~en*" (ridere)
c^i, c	come la „c" in „**c**iao" **deutsch** „*doic^i*" (tedesco) **Cello** „*cèlló*" (violincello)
g, gh	sempre come la „g" in „**g**omito" **Garten** „*garten*" (giardino) **Geld** „*ghèlt*" (denaro)
H	come la „c" aspirata in „**c**asa" nel dialetto toscano **Haus** „*Haus*" (casa)
j	come la „j" in „**j**alousie" **Jalousie** „*jalusii*" (veneziana)
k	come la „c" in „**c**alore" **kalt** „*kalt*" (freddo)
kk	come *k*, ma un po' più lunga **Ecke** „*èkke*" (angolo)
ng	alla fine di una parola o davanti ad una vocale come in „lu**ng**o" **lang** „*lang*" (lungo)
nk	come „nc" in „sta**nc**o" **Bank** „*bank*" (banca)
pf	„p" e „f" vengono pronunciate strettamente **Pferd** „*pfèrt*" (cavallo)

r	simile alla „r" francese **richtig** *„richtich"* (giusto)	*Alla fine di una sillaba o di una parola la „r" non viene chiaramente pronunciata!*
s	fra e davanti alle vocali e dopo *m/n/l/r* come la „s" in „ro**s**a" **Rose** *„róose"* (rosa)	
s, ss	in tutti gli altri casi come in „bu**s**" **Bus** *„bus"* (bus) **hassen** *„Hassen"* (odiare)	
sc[i]*, sc*	come „sc" in „**sc**i" **Chef** *„scèf"* (capo) **Schule** *„sc*[i]*uule"* (scuola)	*La „i" non viene pronunciata!*
v	come la „v" in „**v**ecchio" **wo?** *„vóo"* (dove?)	
y	come la seconda „i" in „famigl**i**a" **ja** *„yaa"* (sì)	

Se viene una consonante raddoppiata, la vocale precedente si pronuncia un po' più breve e la consonante raddoppiata un po' più forte.

Un segno speciale è l'apostrofo: Due vocali o consonanti vengono pronunciate separatamente, come la „n" e „g" in „**in'g**anno".

beachten	*be'achten*	tener conto
ungefähr	*un'ghefèer*	circa
unklar	*un'klaar*	poco chiaro

l'ortografia

L'inizio di una frase e nomi si scrivono con iniziale maiuscola, tutte le altre parole si scrivono con iniziale minuscola.

Pronuncia e accentazione

l'accentazione

Di regola si accentua la penultima sillaba di una parola. Eccezioni alla regola vengono contrassegnate in modo che la vocale della sillaba accentata viene sottolineata.

du	*duu*	tu
geben	*ghéeben*	dare
Großmutter	*gróosmuttèr*	nonna

Foto: GU

Nave dei pompieri ad Amburgo.

Parole che aiutano

Qui troverete i primi frasi più importanti.

Dov'è ...? / Dove si trova ...?

Wo ist die Polizei?
vóo ist dii pólizai
dove è la polizia
Dov'è la polizia?

Wo ist das Krankenhaus?
vóo ist das krankenHaus
dove è il ospedale
Dov'è l'ospedale?

Wo ist die Toilette?
vóo ist dii to'ilètte
dove è il gabinetto
Dove si trova il gabinetto?

In questa frase si possono anche inserire:

ein Hotel	*ain Hotèl*	un albergo
der Bahnhof	*dèr baanHóf*	la stazione
eine Bank	*aine bank*	una banca
eine Apotheke	*aine apotéeke*	una farmacia
die Botschaft	*dii bóot'sc'aft*	l'ambasciata
der Flughafen	*dèr fluukHafen*	l'aeroporto
die Post	*dii pòst*	la posta
ein Restaurant	*ain rèstaurang*	un ristorante

Parole che aiutano

Sono possibili le seguenti risposte:

hier - da, dort	*Hir - daa, dòort*	qui - qua, lí, lá
(nach) rechts	*(naach) rèchz*	a destra
(nach) links	*(naach) linx*	a sinistra
geradeaus	*gherade'aus*	diritto
zurück	*zurük*	indietro
an der Ecke	*an dèr èkke*	all'angolo
an der Ampel	*an dèr ampel*	al semaforo
an der Kreuzung	*an dèr kroizung*	all'incrocio

Nomi che vengono inseriti nelle tre costruzioni seguenti sono declinati nel 4° caso. Ma il 4° caso è (con qualche piccola eccezione) sempre identico con il 1° caso.

Vorrei ... / Mi piacerebbe ...

Ich möchte ein Zimmer.
ich möchte ain zimmèr
io vorrei una[4] stanza[4]
Vorrei una stanza.

Ich möchte telefonieren.
ich möchte télefóniiren
io vorrei telefonare
Vorrei telefonare.

Ich möchte zahlen, bitte.
ich möchte zaalen, bitte
io vorrei pagare, prego
Il conto, per favore.

Ha ...? / Avete ...?

Haben Sie ein freies Zimmer/Postkarten?
Haaben sii ain fraies zimmèr/pòst'karten
hanno Loro una[4] libera[4] camera[4] /cartoline[4]
Ha una camera libera? / Ha delle cartoline?

C'è ...? / Ci sono ...?

Gibt es noch einen freien Platz?
ghipt ès nò~~ch~~ ainen fraien plaz
dà lo ancora un[4] libero[4] posto[4]
C'è ancora un posto libero?

Ja, gibt es.
yaa, ghipt ès
sì, dà lo
Sì, c'è / ci sono.

Nein, gibt es nicht.
nain, ghipt ès nicht
no, dà lo non
No, non c'è / non ci sono.

Quanto costa/viene ...?

Wie viel kostet die Fahrkarte?
vii fiil kòstet dii faarkarte
come molto costa il biglietto
Quanto costa il biglietto?

Wie viel kostet alles zusammen?
vii fiil kòstet alles zu'sammen
come molto costa tutto insieme
Quanto costa tutto insieme?

I nomi

In tedesco si distinguono tre generi di nomi:

il genere e le classi di nomi

maschile (m)
femminile (f)
neutro (n)

der Mann (m)	**die Frau** (f)	**das Kind** (n)
dèr man	*dii frau*	*das kint*
l'uomo	la donna	il bambino

Il genere dei nomi tedeschi non corrisponde sempre con il genere dei nomi italiani: der Mond *(m) - la luna* die Sonne *(f) - il sole*

In tedesco non si può riconoscere sempre il genere chiaramente dalla desinenza di un nome, anche se ci sono alcune desinenze che indicano il genere. I nomi subiscono la declinazione e cambiano desinenza.

Come in italiano ci sono articoli determinati (il, lo, la) ed indeterminati (un, uno, una).

	singolare (sg)		plurale (pl)	
m	**der/ein**	il, un(o)	**die**	i, gli
f	**die/eine**	la, una	**die**	le
n	**das/ein**	il, un(o)	**die**	i, gli

Anche gli articoli subiscono la declinazione. Concordano con il nome in numero, genere e caso.

Come in italiano l'articolo indeterminato non ha un plurale. In sostituzione si può utilizzare einige (alcuni, -e):

einige Männer	**einige Frauen**
ainighe mènnèr	*ainighe frauen*
alcuni uomini	alcune donne

il plurale

Ci sono (nel 1° caso) cinque desinenze plurali che si aggiungono al singolare: -e, -en, -er, -s e „desinenza zero“ (–). Ma queste desinenze plurali non dipendono dal genere del nome. Le lineette nella tabella seguente non vengono usate nella lingua scritta.

	sg	pl	
-e	**Tisch**	**Tisch-e**	tavola
-en	**Frau**	**Frau-en**	donna
-er	**Kind**	**Kind-er**	bambino
-s	**Auto**	**Auto-s**	macchina
–	**Fenster**	**Fenster-**	finestra

Qualche volta la vocale della radice viene sostituita da una metafonia: der Mann (l'uomo), die Männ-er (gli uomini).

	sg	pl	
a > ä	**Hand**	**Händ-e**	mano
o > ö	**Dorf**	**Dörf-er**	villaggio
u > ü	**Fluss**	**Flüss-e**	fiume
au > äu	**Baum**	**Bäum-e**	albero

Le metafonie non hanno influsso sulle desinenze del plurale! Metafonie si trovano anche in verbi e in aggettivi.

Se una parola abbia nel plurale una metafonia o no non si può prevedere prima.

Purtroppo in tedesco non ci sono regole per formare il plurale di un nome. Per questa ragione è meglio imparare il genere e il plurale di una parola sempre insieme con il singolare.

Gli aggettivi

Gli aggettivi in tedesco si possono usare come elementi della frase (complemento) o come attributi.

come complemento

Anche in frasi con il verbo ausiliare sein (essere) gli aggettivi sono invariabili. In questa forma si trovano nelle liste dei vocaboli.

Der Mann arbeitet hart.
dèr man arbaitet Haart
il uomo lavora duro
L'uomo lavora duramente.

Die Frau ist alt.
dii frau ist alt
la donna è vecchio
La donna è vecchia.

Der Mann ist alt.
dèr man ist alt
il uomo è vecchio
L'uomo è vecchio.

Alcuni aggettivi cominciano col prefisso -un *che indica una qualità negativa* (nicht)*. Attenzione: non si può aggiungere sempre il prefisso* -un *per esprimere il contrario!*

Per esprimere il contrario di un'aggettivo si pone soltanto nicht (non) davanti all'aggettivo.

nicht sauber
nicht saubèr
non pulito
non pulito (= sporco)

nicht hoch
nicht Hóoch
non alto
non alto (= basso)

unsauber
unsaubèr
non-pulito
sporco

unmöglich
unmööklich
non-possibile
impossibile

come attributi

Come attributi gli aggettivi stanno sempre davanti al nome a cui si riferiscono e concordano con esso in numero, genere e caso. Questo significa che alla base dell'aggettivo vengono aggiunte certe desinenze. Però in questa operazione linguistica è necessario distinguere se il nome sta con l'articolo „determinato" oppure „indeterminato".

	determinato		indeterminato	
	sg	pl	sg	pl
m	-e	-en	-er	-e
f	-e	-en	-e	-e
n	-e	-en	-es	-e

Qui indichiamo soltanto le desinenze del 1°caso.

der gut-e Freund
dèr guute froint
il buono amico
l'amico buono

die gut-e Freundin
dii guute froindin
la buona amica
l'amica buona

ein schlecht-er Tag
ain sc'lèchtèr taak
un brutto giorno
un giorno brutto

ein klein-es Zimmer
ain klaines zimmèr
una piccola camera
una camera piccola

die gut-en Freunde
dii guuten froinde
i buoni amici
gli amici buoni

gut-e Freunde
guute froinde
buoni amici
buoni amici

Gli aggettivi

aggettivi importanti

klein	*klain*	piccolo
groß	*gróos*	grande
schön	*sc^{i}öön*	bello
hässlich	*Hèslich*	brutto
gut	*guut*	buono
schlecht	*sc^{i}lècht*	cattivo
wenig	*véenich*	poco
viel	*fiil*	molto
einfach	*ainfa~~ch~~*	facile
schwierig	*sc^{i}viirich*	difficile
alt	*alt*	vecchio
neu – jung	*noi – yung*	nuovo – giovane
langsam	*lang'sam*	lento
schnell	*sc^{i}nèll*	veloce
sauber	*saubèr*	pulito
schmutzig	*sc^{i}muzich*	sporco
richtig	*richtich*	giusto, corretto
falsch	*falsc^i*	falso, sbagliato

i colori

weiß	*vais*	bianco
gelb	*ghèlp*	giallo
orange	*órangsc^i*	arancio
rot	*róot*	rosso
blau	*blau*	blu
grün	*grüün*	verde
braun	*braun*	marrone
lila/violett	*liila/violèt*	lilla
grau	*grau*	grigio
schwarz	*sc^{i}varz*	nero
bunt	*bunt*	a colori

il comparativo e il superlativo

Il comparativo si forma con l'aggettivo e la desinenza -er. Come elemento della frase il comparativo è invariabile. Il superlativo si forma con l'aggettivo e con la desinenza -st oppure -est (se l'aggettivo finisce in -d, -t, -s, -z o -sch).

schnell	*sc'nèl*	veloce
schneller	*sc'nèllèr*	più veloce
schnellst-	*sc'nèlst*	il più veloce
hart	*Hart*	duro
härter	*Hèrtèr*	più duro
härtest-	*Hèrtest*	il più duro

Se il comparativo ha già una metafonia la conserva anche nel superlativo.

Das Auto fährt schneller.
das auto fèert sc'nèllèr
la macchina va più-veloce
La macchina va più veloce.

Dieses Auto ist am schnellsten.
diises auto ist am sc'nèlsten
questa macchina è alla più-veloce
Questa macchina è la più veloce.

Come elemento della frase si aggiunge alla forma originaria del superlativo la desinenza -en e si mette davanti la parola am.

Se il comparativo e il superlativo sono in funzione attributiva prendono le desinenze degli aggettivi.

das schnellst-e Auto
das sc'nèlste auto
la più-veloce macchina
la macchina più veloce

die schöner-e Frau
dii sc'öönere frau
la più-bella donna
la donna più bella

Come in italiano ci sono anche alcuni comparativi e superlativi irregolari:

Eccezioni: aggettivi monosillabi che hanno già una metafonia la conservano. Aggettivi che contengono un dittongo (una sequenza di due vocali), p. es. laut *(rumoroso) non ricevono una metafonia.*

gut	*guut*	buono
besser	*bèssèr*	meglio
am besten	*am bèsten*	ottimo
viel	*fiil*	molto
mehr	*mèer*	di più
am meisten	*am maisten*	il più
groß	*groos*	grande
größer	*gröössèr*	più grande
am größten	*am gröösten*	il più grande

la comparazione

Per dire che qualcosa è „ tanto ... come", si usa la forma originaria dell'aggettivo (cioè non declinata) con la costruzione so ... wie. Per dire che qualcosa è „più ... che", si prepone al comparativo la parola als (di, che):

Ich bin so groß wie du.
ich bin só gróos vii duu
io sono tanto grande come tu
Sono alto/-a come te.

Paula ist jünger als ich.
paula ist yüngher als ich
Paula è più-giovane di io
Paula è più giovane di me.

I pronomi

I pronomi appartengono al più essenziale di ogni lingua.

I pronomi dimostrativi

I pronomi dimostrativi dieser (questo) e jener (quello) concordano come gli aggettivi in numero, genere e caso con i nomi a cui si riferiscono.

Al tema dies-/jen- *si aggiungono le stesse desinenze come gli aggettivi, se non sono preceduti da un'articolo oppure se sono preceduti dall'articolo indeterminato.*

m	sg	**dies-er** *diisèr*	**jen-er** *yéenèr*
	pl	**dies-e** *diise*	**jen-e** *yéene*
f	sg	**dies-e** *diise*	**jen-e** *yéene*
	pl	**dies-e** *diise*	**jen-e** *yéene*
n	sg	**dies-es** *diisès*	**jen-es** *yéenès*
	pl	**dies-e** *diise*	**jen-e** *yéene*

Come in italiano il pronome dimostrativo sta davanti al nome a cui si riferisce. Dieser indica qualcosa che è non troppo lontano da colui che parla, mentre jener indica qualcosa che è lontano da colui che parla:

dieser Mann	**diese Frau**	**jenes Kind**
diisèr man	*diise frau*	*yéenes kint*
quest'uomo	questa donna	quel bambino

Come elemento autonomo si dice dies *invece di* dieser/diese/dieses *(questo/-a) e* das *invece di* jener/jene/jenes *(quello/-a).*

Dies/das ist ein Fahrrad.
diis/das ist ain faaraat
Questa/quella è una bicicletta.

I pronomi

I pronomi personali

I pronomi personali sono molto importanti in tedesco perché si trovano quasi in ogni frase. I verbi tedeschi non possono mai stare da soli, ma sempre insieme con un pronome personale (oppure un nome che rappresenta il pronome personale).

L'impersonale es *non si può tradurre esattamente in italiano; si usa in espressioni impersonali.*

sg			pl		
ich	*ich*	io	**wir**	*vir*	noi
du	*duu*	tu	**ihr**	*ir*	voi
er (m)	*èr*	lui	**sie**	*sii*	loro
sie (f)	*sii*	lei	**Sie**	*sii*	Lei
es (n)	*ès*				

La forma di cortesia in tedesco è Sie (Lei) ed è uguale sia che si rivolga ad una o più persone. Sie corrisponde formalmente alla 3ª persona plurale ed è scritta sempre con lettera maiuscola. Il verbo corrispondente viene declinato anche nella 3ª persona plurale. Sie viene tradotto con „Loro".

L'impersonale es tedesco non si può tradurre esattamente in italiano, nella traduzione letterale es viene tradotto impropriamente con „lo".

Es *si usa in espressioni impersonali.*

Es regnet.
ès réegnet
lo piove
Piove.

Es ist schön.
ès ist sc'öön
lo è bello
È bello.

„chi" oppure „a chi?"

Se il pronome personale ha la funzione di un elemento della frase (complemento), come nelle frasi seguenti, viene declinato. Il pronome personale declinato sta per la maggior parte dietro il verbo.

dativo (3° caso)		accusativo (4° caso)	
mir *mir* mi, a me	**uns** *uns* ci, a noi	**mich** *mich* mi	**uns** *uns* ci
dir *dir* ti, a te	**euch** *oich* vi, a voi	**dich** *dich* ti	**euch** *oich* vi
ihm, ihr *iim, ir* gli, le	**ihnen, Ihnen** *iinen, iinen* gli/loro, Le/a Lei	**ihn, sie** *iin, sii* lo, la	**sie, Sie** *sii, sii* li/le, La

Ich gebe dir das Buch.
ich ghéebe dir das
io do ti[3] il[4] libro[4]
Ti do il libro.

Du siehst ihn.
du siist iin
tu vedi lui[4]
Lo vedi.

Nelle liste dei vocaboli è segnalato quale caso segue il verbo.

I pronomi possessivi

I pronomi possessivi vengono declinati come attributi e concordano in genere, numero e caso con i nomi a cui si riferiscono. Nel nominativo si aggiunge inoltre la desinenza -e se il „possesso“ è un nome femminile oppure un nome plurale. Nomi neutri vengono trattati come quelli maschili.

I pronomi

Per la forma di cortesia si usa al singolare e al plurale Ihr.

mein	*main*	mio
dein	*dain*	tuo
sein (m, n)	*sain*	suo
ihr (f)	*ir*	suo
unser	*unsèr*	nostro
euer	*oièr*	vostro
ihr	*ir*	loro

A differenza dell'italiano si distingue per la 3a persona singolare „suo" se il „possessore" è maschile (si usa sein*) oppure femminile (allora si usa* ihr*).*

mein Auto
main autó
mia(n) macchina
la mia macchina

meine Kinder
maine kindèr
miei(pl) bambini
i miei bambini

ihr Mann
ir mann
suo(f) marito
suo marito

seine Frau
saine frau
sua(m) moglie
sua moglie

Foto: Barbara Neumann (DZT)

Per la festa di San Martino (qui a Erfurt), i bambini girano per le strade con le lanterne.

I verbi

L'infinito dei verbi tedeschi è costruito sul tema con la desinenza dell'infinito -en:

l' infinito

kauf-en	*kaufen*	comprare
zahl-en	*zaalen*	pagare
telefonier-en	*téleföniiren*	telefonare

Alcuni verbi hanno le desinenze -(el)n o -(er)n. Le lettere che stanno tra parentesi appartengono al tema e non alla desinenza!

handel-n	*Handèln*	agire, operare
wander-n	*vandèrn*	camminare

In realtà la -e- della desinenza dell'infinito è caduta.

In una frase completa qualche volta l'infinito è preceduto dalla parola zu che è accostabile alla funzione della preposizione italiana „da" o della parola inglese „to".

Ich habe etwas zu tun.
ich Haabe ètvas zu tuun
io ho qualcosa da fare
Ho qualcosa da fare.

Per coniugare un verbo la desinenza dell'infinito -en (o -n) si sostituisce con le forme delle relative persone „io, tu", ecc.

verbi deboli e forti

Prima di andare avanti con le forme delle diverse persone è necessario distinguere i verbi tedeschi in „verbi deboli" e „verbi forti":

Verbi deboli vengono coniugati regolarmente, e precisamente tutte le forme dei tempi (presente, imperfetto). In tedesco si parla di coniugazione regolare, se il tema del verbo non cambia mai coniugando il verbo.

Verbi forti, invece, hanno forme irregolari nell'imperfetto e nel participio, cioè altri temi rispetto a quelli del presente.

*Nell'appendice troverete una lista dei più importanti verbi forti. Dovreste impararli sempre insieme con l'imperfetto e con il participio. Nelle liste dei vocaboli di questo libro i verbi forti vengono contrassegnati con *.*

	verbo debole	verbo forte
infinito	**kauf-en** *kaufen* comprare	**sein*** *sain* essere
imperfetto	**ich kauf-te** *ich kaufte* compravo	**ich war** *ich vaar* ero
participio II	**ge-kauf-t** *ghekauft* comprato	**ge-wes-en** *ghevéesen* stato

prefissi separabili e non separabili

Come in italiano il verbo tedesco può avere certi prefissi che cambiano il senso del verbo in modo caratteristico. Si distinguono due tipi di prefissi che non esistono in italiano: prefissi „separabili" e „non separabili".

Prefissi separabili vengono separati dal verbo coniugato e vengono posposti come una parola autonoma. Ma il prefisso non viene sempre posposto direttamente dietro il verbo, ma sta per lo più alla fine della frase. Prefissi non separabili non si separano mai dal verbo!

Contrassegnamo, quindi, i prefissi separabili con una barra verticale (|), quelli non separabili con un punto fra prefisso e base verbale (·). Nella lingua scritta naturalmente questi segni non ci sono. Qui s'intendono come aiuto didattico.

Un piccolo accorgimento: prefissi separabili sono sempre tonici, cioè sono sempre accentati, prefissi non separabili sono sempre atoni, cioè non sono mai accentati.

fahren*	*faaren*	andare
weg|fahren*	*vèk'faaren*	andare
hin|fahren*	*hin'faaren*	partire

suchen	*suu~~eh~~en*	cercare
ver·suchen	*fèr'suu~~eh~~en*	cercare di fare
be·suchen	*be'suu~~eh~~en*	andare a trovare

il presente

Per coniugare un verbo certe desinenze vengono aggiunte al tema del verbo. Il tema di un verbo si ottiene eliminando la desinenza dell'infinito -en (oppure soltanto -n se il verbo finisce con -(er)n o -(el)n): geh- è il tema di gehen (andare).

Nelle tabelle seguenti le lineette aiutano a riconoscere meglio la desinenza.

verbi semplici

kauf-en (comprare)	
ich kauf-e	compro
du kauf-st	compri
er/sie kauf-t	compra
wir kauf-en	compriamo
ihr kauf-t	comprate
sie kauf-en	comprano

Per la forma di cortesia Sie (Lei) si usa la 3a persona plurale. Per chi studia il tedesco questo è molto utile, perché la 3a persona plurale (e questo vale anche per la persona plurale) è sempre identica con l'infinito.

verbi con prefisso separabile

Coniugando verbi con prefisso separabile si deve dare attenzione a quanto segue: il prefisso viene separato dal verbo coniugato e viene posposto come una parola autonoma.

weg|fahr-en* (partire)	
ich fahr-e weg (parto)	**wir fahr-en weg**
du fähr-st weg	**ihr fahr-t weg**
er/sie fähr-t weg	**sie fahr-en weg**

verbi con prefisso non separabile

Con verbi con prefisso non separabile questo non succede! In questo caso il prefisso è una parte fissa del verbo. Il cambiamento del tema a causa della formazione di una metafonia (qui ä invece di a) è una eccezione!)

be·zahl-en (pagare)	
ich bezahl-e (pago)	**wir bezahl-en**
du bezahl-st	**ihr bezahl-t**
er/sie bezahl-t	**sie bezahl-en**

Come si vede le forme personali sono identiche, soltanto il prefisso separabile viene posposto. Nella traduzione letterale i verbi con prefisso separabile vengono contrassegnati come nell'esempio seguente: il „+“ indica che al verbo appartiene un prefisso separabile, „PRE“ è l'abbreviazione per „prefisso“.

Ich fahre morgen weg.
ich faare mòrghen vèk
io parto+ domani PRE
Parto domani.

I prefissi inseparabili sono: be-, emp-, ent-, er-, ge-, miss-, ver-, zer-. Ci sono otto prefissi che sono a volte separabili, a volte inseparabili: durch-, hinter-, über-, um-, unter-, voll-, wider-, wieder-. Gli altri prefissi sono sempre separabili.

I prefissi separabili portano sempre un accento tonico al contrario di quelli inseparabili che non sono mai accentati.

wieder·holen	**wieder|kommen***
wiidèrHóolen	*wiiderkòmmen*
ripetere	rivenire

Bitte wiederholen Sie das!
bitte wiidèrHóolen sii das
prego ripetere Loro questo
Ripeta, per favore!

Ich komme morgen wieder.
ich kòmme mòrghen wiider
io rivengo- domani PRE
Rivengo domani.

eccezioni dallo schema della flessione

Rispetto allo schema della flessione spiegato ci sono poche eccezioni: Verbi con le desinenze -(d)en, -(n)en e alcuni con le desinenze -(t)en e -(m)en aggiungono davanti a tre desinenze (2ª/3ª persona singolare e 2ª persona plurale) una -e- che aiuta la pronuncia.

red-en parlare			
ich red-e	parlo	**wir red-en**	parliamo
du red-est	parli	**ihr red-et**	parlate
er/sie red-et	parla	**sie red-en**	parlano

Verbi con le desinenze -(s)en, -(ss)en, -(ß)en, -(x)en, -(z)en aggiungono, invece della desinenza -st per la 2ª persona singolare, soltanto -t perché il tema finisce già con una sibilante.

non: „reis-st"!

reis-en	**du reis-t**	**er/sie reist**
raisen	*du raist*	*er/sie reist*
viaggiare	viaggi	viaggia

Alcuni verbi forti, il tema dei quali contiene la vocale -e-, scambiano -e- con una -i- ma soltanto per la 2ª e 3ª persona singolare (du, er/sie/es).

nehmen*	**du nimmst**	**er/sie nimmt**
néemen	*du nimst*	*èr/sii nimt*
prendere	prendi	lui/lei prende
sprechen*	**du sprichst**	**er/sie spricht**
sc'prèchen	*du sc'prichst*	*èr/sii sc'pricht*
parlare	parli	lui/lei parla

A questi verbi appartengono anche i seguenti:

ge·schehen* *ghe'sc'éen*	**geschieht** *ghe'sciit*	accadere
helfen* *Hèlfen*	**hilf(s)t** *hilf(s)t)*	aiutare
geben* *ghéeben*	**gib(s)t** *ghip(s)t*	dare
ver·gessen* *fèr'ghèssen*	**vergisst** *fèr'ghist*	dimenticare
treffen* *trèffen*	**triff(s)t** *triff(s)t*	incontrare
lesen* *léesen*	**liest** *liist*	leggere
essen* *èssen*	**isst** *ist*	mangiare
sehen* *séen*	**sieh(s)t** *sii(s)t*	vedere

Nota: La „s" tra parentesi appartiene alla 2ª persona; la 3ª persona si ottiene lasciando cadere la „s". Se non c'è una s tra parentesi questo significa che la 2ª e la 3ª persona sono identiche.

Alcuni verbi forti formano nel presente singolare – ma per lo più soltanto per la 2ª e 3ª persona (quindi: du, er/sie/es) – una metafonia. Tutte le altre forme sono regolari:

fallen*	**du fällst**	**er/sie fällt**
fallen	*du fèlst*	*èr/sii fèlt*
cadere	cadi	lui/lei cade

Allo stesso modo anche i verbi halten *(tenere; fermare) e* lassen *(lasciare).*

Il verbo wissen* (conoscere, sapere) è irregolare nel presente:

ich weiß	so	**wir wissen**	sappiamo
du weißt	sai	**ihr wisst**	sapete
er/sie weiß	sa	**sie wissen**	sanno

Passato e futuro

Le forme personali per l'imperfetto non sono esattamente uguali per verbi forti e deboli, ma sono in stretto rapporto. Ad una più attenta considerazione si nota che si possono formare dalle desinenze del presente. Per comodità didattica separiamo ancora le desinenze dal tema mediante una lineetta (-).

l'imperfetto

verbi semplici

verbi deboli	verbi forti
kauf-en *kaufen* (comprare)	**geh-en*** *ghéen* (andare)
ich kauf-te (compravo)	**ich ging** (andavo)
du kauf-test	**du ging-st**
er/sie kauf-te	**er/sie ging**
wir kauf-ten	**wir ging-en**
ihr kauf-tet	**ihr ging-t**
sie kauf-ten	**sie ging-en**

Inoltre: per il passato remoto non c'è un tempo paragonabile in tedesco. Si usa invece l'imperfetto o più ancora il passato prossimo.

Le desinenze dei verbi forti differiscono dalle desinenze dei verbi deboli soltanto per la caduta della -te-.Oltre a ciò i verbi forti hanno nell'imperfetto (ed anche come participio II) un altro tema. Questo tema si dovrebbe sempre imparare insieme con l'infinitivo. Non ci sono regole per questo cambiamento del tema, si deve impararlo! Una lista dei più importanti verbi forti si trova nell'appendice. Verbi con prefisso non separabile (be·zahlen

„pagare") vengono coniugati come verbi semplici (forti/deboli). Verbi con prefisso separabile (ein | kaufen, weg | gehen*) vengono coniugati come il verbo di base.

kaufen
kaufen
comprare

ich kaufte
ich kaufte
compravo

ein | kaufen
ain'kaufen
fare la spesa

ich kaufte ein
ich kaufte ain
facevo la spesa

Il prefisso separabile viene posposto come nel presente.

gehen*
ghéen
andare

ich ging
ich ghing
andavo

weg | gehen*
vèk'ghéen
partire, andare via

ich ging weg
ich ghing vèk
partivo, andavo via

Il futuro

Formare il futuro è molto semplice. Occorre conoscere soltanto il verbo werden e coniugarlo nel presente. Segue l'infinito del verbo con cui si vuol esprimere qualcosa nel futuro:

werden* *vèrden* (diventare)			
ich werde	*vèrde*	**wir werden**	*vèrden*
du wirst	*virst*	**ihr werdet**	*vèrdet*
er/sie wird	*virt*	**sie werden**	*vèrden*

Ecco il verbo werden *coniugato nel presente (divento, diventi, ecc.). È irregolare, e quindi un verbo forte.*

ich werde gehen	**du wirst bleiben**
ich vèrde ghéen	*du virst blaiben*
io divento andare	*tu diventi rimanere*
andrò	rimarrai

Il participio passato

Con „PRE" s'intende il prefisso, con „TEMA" il tema del participio passato del verbo.

Come in italiano si usa il participio passato („mangiato", „andato") per formare i tempi composti. Per formare un participio passato occorre sapere se si tratta di un verbo debole o forte, oppure se il verbo ha un prefisso separabile o non separabile o nessun prefisso. A questo punto si deve soltanto „combinare".

	verbi semplici	verbi inseparabili	verbi separabili
verbi deboli	**ge**-TEMA-**t**	TEMA-**t**	PRE-**ge**-TEMA-**t**
verbi forti	**ge**-TEMA-**en**	TEMA-**en**	PRE-**ge**-TEMA-**en**

Attenzione: il tema dei verbi deboli si ottiene eliminando la desinenza -en dell'infinito. Ma verbi forti hanno di volta in volta altri temi nel presente, imperfetto e nel participio passato.

Una differenza importante fra i participi tedeschi ed italiani è che si non distinguono forme maschili, femminili, neutre, singolari o plurali; sono sempre invariabili!

verbi deboli	
kaufen (comprare)	**ge-kauf-t** (comprato)
be·zahlen (pagare)	**bezahl-t** (pagato)
auf | hören (finire)	**auf-ge-hör-t** (finito)

verbi forti	
sein* (essere)	**ge-wes-en** (stato)
be·kommen* (ricevere)	**bekomm-en** (ricevuto)
weg | fahren* (partire)	**weg-ge-fahr-en** (partito)

Essere ed avere

Come in italiano i verbi tedeschi sein (essere) e haben (avere) possono essere verbi ausiliari. Come verbi ausiliari hanno come in italiano grande importanza per i tempi composti.

sein* (essere)

presente		imperfetto	
ich bin	sono	**ich war**	ero
du bist	sei	**du warst**	eri
er/sie ist	è	**er/sie war**	era
wir sind	siamo	**wir waren**	eravamo
ihr seid	siete	**ihr wart**	eravate
sie sind	sono	**sie waren**	erano

Il participio è gewesen (stato/-a).

Siccome sein *(essere) e* haben *(avere) sono i più importanti verbi tedeschi, sarebbe meglio impararli a memoria allo stesso tempo nel presente e nell'imperfetto.*

haben* (avere)

presente		imperfetto	
ich habe	ho	**ich hatte**	avevo
du hast	hai	**du hattest**	avevi
er/sie hat	ha	**er/sie hatte**	aveva
wir haben	abbiamo	**wir hatten**	avevamo
ihr habt	avete	**ihr hattet**	avevate
sie haben	hanno	**sie hatten**	avevano

Il participio è gehabt (avuto).

I tempi composti

Per formare i tempi composti (passato e trapassato prossimo) si combinano i verbi ausiliari sein (essere) o haben (avere) con il verbo voluto come participio passato. Un'altra differenza molto importante fra participi tedeschi ed italiani – anche se i tempi composti si formano con sein (essere) –, il participio passato non distingue forme maschili, femminili, neutre, singolari o plurali.

Soltanto il verbo ausiliare viene coniugato. Il verbo con cui deve venir espresso qualcosa rimane invariabile nel participio.

ich bin gegangen *ich bin gheghangen* *io sono andato* (io) sono andato/-a	**ich war gegangen** *ich war ghegangen* *io ero andato* (io) ero andato/-a
ich habe gekauft *ich Haabe ghekauft* *io ho comprato* (io) ho comprato	**ich hatte gekauft** *ich Hatte ghekauft* *io avevo comprato* (io) avevo comprato

Non si usa sempre lo stesso verbo ausiliare come in italiano. Una norma cui riferirsi è che tutti i verbi di movimento, gehen* (s) (andare), kommen* (s) (venire), formano i tempi composti con il verbo ausiliare sein* (s) (essere), tutti gli altri con haben* (avere).

Nelle liste dei vocaboli nel testo e nell'appendice i verbi che formano i tempi composti con sein (essere) sono contrassegnati con „(s)".

I verbi modali

In tedesco ci sono sei verbi modali. Come in italiano si combina il verbo modale coniugato con l'infinitivo del verbo:

ich will kommen	**ich kann kommen**
ich vil kòmmen	*ich kan kòmmen*
(io) voglio venire	(io) posso venire

Se si conoscono i verbi modali si possiede una struttura fondamentale per la conversazione.

I verbi modali nel presente/imperfetto

	müssen* *müssen* (dovere)	**sollen*** *sòllen* (dovere)
ich	**muss/musste**	**soll/sollte**
du	**musst/musstest**	**sollst/solltest**
er/sie	**muss/musste**	**soll/sollte**
wir	**müssen/mussten**	**sollen/sollten**
ihr	**müsst/musstet**	**sollt/solltet**
sie/Sie	**müssen/mussten**	**sollen/sollten**

	können* *können* (potere)	**dürfen*** *dürfen* (potere)
ich	**kann/konnte**	**darf/durfte**
du	**kannst/konntest**	**darfst/durftest**
er/sie	**kann/konnte**	**darf/durfte**
wir	**können/konnten**	**dürfen/durften**
ihr	**könnt/konntet**	**dürft/durftet**
sie/Sie	**können/konnten**	**dürfen/durften**

Il verbo sollen *(dovere) non è così forte come* müssen *(dovere).* Dürfen *(potere) ha il senso di „avere il diritto",* können *(potere) indica che si „può" ma non si „deve"!*

I verbi modali

Foto: Ralf Brunner (DZT)

Una carrozza trainata dai cavalli lungo i bassi fondali (Cuxhaven).

	wollen* *vòllen* (volere)	**mögen*** *mööghen* (piacere)
ich	**will/wollte**	**mag/mochte**
du	**willst/wolltest**	**magst/mochtest**
er/sie	**will/wollte**	**mag/mochte**
wir	**wollen/wollten**	**mögen/mochten**
ihr	**wollt/wollte**	**mögt/mochtet**
sie/Sie	**wollen/wollten**	**mögen/mochten**

I participi passati dei verbi modali sono invariabili, non fanno distinzione dunque fra forme maschili, femminili, neutre, singolari o plurali!

wollen	volere	**gewollt**	voluto
sollen	dovere	**gesollt**	dovuto
müssen	dovere	**gemusst**	dovuto
können	potere	**gekonnt**	potuto
dürfen	potere	**gedurft**	potuto
mögen	piacere	**gemocht**	piaciuto

I verbi riflessivi

I verbi riflessivi si riconoscono nell'infinito dal pronome preceduto sich (si). Spesso si può mettere sich davanti ad un verbo.

waschen	vascen	lavare
sich waschen	sich vascen	lavarsi
heiraten	Hairaten	sposarsi
heißen	Haissen	chiamarsi

Verbi che sono riflessivi in italiano non necessariamente sono riflessivi anche in tedesco e viceversa.

sich freuen		rallegrarsi, far piacere
ich freue	mich	(io) mi rallegro
du freust	dich	(tu) ti rallegri
er/sie freut	sich	(lui/lei) si rallegra
wir freuen	uns	(noi) ci rallegriamo
ihr freut	euch	(voi) vi rallegrate
sie freuen	sich	(loro) si rallegrano

Coniugando il verbo, anche sich viene coniugato e posposto.

Ich freue mich, dass ihr gekommen seid!
ich froie mich, das ir ghekòmmen sait
io rallegro mi(r), che venuto siete
Mi rallegro che siate venuti/-e!

Nella traduzione letterale i pronomi riflessivi sono contrassegnati con „r".

I tempi composti dei verbi riflessivi vengono formati con il verbo ausiliare haben (avere).

Ich habe mich gewaschen.
ich Haabe mich ghevascen
io ho mi(r) lavato
Mi sono lavato/-a.

L'imperativo

L'imperativo viene formato per tutti i verbi sulla base del presente (non importa se si tratta di un verbo semplice oppure di un verbo con prefisso separabile o non separabile). Per l'imperativo singolare („va!") si parte dalla 2ª persona singolare („vai") e lascia cadere la desinenza (cioè la forma personale) -st. L'imperativo plurale („andate!") è come in italiano identico con la 2ª persona plurale. L'imperativo di cortesia („vada!") è identico con la 3ª persona plurale (dunque anche identico con l'infinito del verbo). Per l'imperativo di cortesia si pospone inoltre Sie (Lei; letterale: „Loro"):

du geh-st	(tu) vai	**geh!**	va!
ihr geht	(voi) andate	**geht!**	andate!
sie gehen	(loro) vanno	**gehen Sie!**	vadano!

Per negare l'imperativo si pospone nicht (non):

geh nicht!	non andare!
geht nicht!	non andate!
gehen Sie nicht!	non vada/vadano!

Una preghiera a parecchie persone, fra cui ci s'include, si forma con lasst *(lasciate) e l'infinito del verbo.*

Lasst uns gehen!	**Lasst uns nicht gehen!**
last uns ghéen	*last uns nicht ghéen*
lasciate ci[4] andare	*lasciate ci[4] non andare*
Andiamo!	Non andiamo!

Le congiunzioni

Le congiunzioni vengono usate come in italiano. Tuttavia si deve fare attenzione alle congiunzioni subordinanti perché il predicato viene collocato alla fine della frase.

dass	*das*	che
wie	*vii*	come
nachdem	*na~~eh~~déem*	dopo che
also	*alsó*	dunque, allora
während	*vèerent*	durante, mentre
und	*unt*	e
bis	*bis*	fino a
außerdem	*aussèrdém*	inoltre, in più
aber	*aabèr*	ma
sondern	*sòndèrn*	ma, bensì
entweder ... oder	*èntvédèr ... óodèr*	o ... o
oder	*óodèr*	o, oppure
weil	*vail*	perché
damit	*damit*	perché, affinché
denn	*dèn*	poiché
bevor	*befòor*	prima che/di
als	*als*	quando
ob/falls	*òp/fals*	se
wenn	*vèn*	quando
obwohl	*òpvóol*	sebbene
nur	*nur*	soltanto
sowohl ... als auch	*sóvóol ... als au~~ch~~*	tanto ... quanto

Er hat gesagt, dass er heute kommen will.
èr Hat ghesaakt, das èr Hoite kòmmen vil
lui ha detto, che lui oggi venire vuole
Ha detto che voleva venire oggi.

Ich habe zwar Lust, aber keine Zeit.
ich Haabe zvaar lust aabèr kaine zait
io ho proprio voglia[4], ma nessun[4] tempo[4]
Ne ho proprio voglia ma non ne ho il tempo.

Was möchten Sie haben: dieses oder jenes?
was möchten sii Haaben: diises óodèr yéenes
che-cosa vogliono Loro avere: questo[4] o quello[4]
Che cosa vorrebbe avere: o questo o quello?

Ich nehme nicht dieses, sondern jenes!
ich néeme nicht diises, sòndèrn yéenes
io prendo non questo[4], ma quello[4]
Non prendo questo ma quello (qua).

Ich kann nicht kommen, weil ich krank bin.
ich kann nicht kòmmen vail ich krank bin
io posso non venire, perché io malato sono
Non posso venire perché sono malato/-a.

Wenn ich es weiß, werde ich es dir sagen.
vèn ich ès vais, vèrde ich ès dir saaghen
quando io lo so, diventero io lo[4] ti[3] dire
Quando lo so ti dirò.

Le domande

Si distinguono due tipi di domande.

domande con pronomi interrogativi

A domande con pronomi interrogativi si risponde con una frase completa.

wer?	*vèr*	chi?
welche/-r? (f)/(m)	*vèlchè/-r*	quale?
welche? (pl)	*vèlche*	quali?
was?	*vas*	che cosa?
wie?	*vii*	come?
warum?	*varum*	perché?
wo?	*vóo*	dove?
wohin?	*vóHin*	(verso) dove?
woher?, **von wo?**	*vóHèr,* *fòn vóo*	da/di dove?
wann?	*van*	quando?
seit wann?	*sait van*	da quando?
wie viel? (sg)	*vii fiil*	quanto/-a?
wie viele? (pl)	*vii fiile*	quanti/-e?

Nota: tanto wo? *quanto* wohin? *corrispondono all'italiano „dove?"; senonché* wo? *viene usato per situazioni di „stato in luogo", mentre* wohin? *per situazioni di movimento, per indicare la direzione verso la quale si dirige l'azione!*

Il pronome interrogativo sta come in italiano all'inizio della frase, segue il predicato, il soggetto e oltre a ciò un complemento.

Wer ist das?	**Das ist Herr Schmidt.**
vèr ist das	*das ist Hèr sc'mit*
chi è questo	*questo è signor Schmidt*
Chi è questo?	È il signor Schmidt.

Le domande

Wo ist der Bahnhof?
vóo ist dèr baanHóf
dove è la stazione
Dov'è la stazione?

Der Bahnhof ist rechts.
dèr baanHóf ist rèchz
la stazione è a-destra
La stazione è a destra.

Welcher Tag ist heute?
vèlchèr taak ist hoite
che giorno è oggi
Che giorno è oggi?

Heute ist Montag.
hoite ist móontaak
oggi è lunedì
Oggi è lunedì.

Wie geht es dir/Ihnen?
vii ghéet ès dir/iinen
come va lo ti[3]/Loro[3]
Come stai/sta/stanno?

Mir geht es gut.
mir ghéet ès guut
mi[3] va lo bene
Sto bene.

Woher kommst du / kommen Sie?
vóHèr kòmst du / kòmmen sii
da-dove vieni tu / vengono Loro
Da dove vieni / viene/vengono?

domande con la risposta „sì“ o „no“

Questioni a cui si può rispondere soltanto con ja (sì) o nein (no) in italiano non cambiano la posizione delle parole nella frase, ma soltanto l'accentazione. In tedesco invece nella domanda il predicato precede il soggetto:

Sie liest ein Buch.
sii liist ain buu~~ch~~
lei legge un[4] libro[4]
Legge un libro.

Liest sie ein Buch?
liist sii ain buu~~ch~~
legge lei un[4] libro[4]
Legge un libro?

La negazione

La negazione in tedesco è un capitolo abbastanza difficile, perché la posizione delle parole dipende dal tipo del predicato: p. es. c'è una differenza se si tratta di un tempo semplice oppure di un tempo composto, e inoltre se si tratta di un verbo semplice o di un verbo con prefisso separabile o non separabile.

Hast du dieses Buch gelesen?
Hast du diises buuch gheléesen
hai tu questo[4] libro[4] letto
Hai letto questo libro?

Nein, ich habe es nicht gelesen.
nain, ich Haabe ès nicht gheléesen
no, io ho lo[4] non letto
No, non l'ho letto.

„No" significa nein; *la negazione con verbi e participi è* nicht *(non).*

Nomi vengono negati con kein/keine (nessuno/-a). Kein concorda in numero, genere e caso con il nome che s'intende negare.

m/n	sg	**kein** *kain*	pl	**keine** *kaine*
f	sg	**keine** *kaine*	pl	**keine** *kaine*

Ich habe kein Geld.
ich Haabe kain ghèlt
io ho non[4] denaro[4]
Non ho soldi.

Ich habe keine Zeit.
ich Haabe kaine zait
io ho non[4] tempo[4]
Non ho tempo.

La negazione

Di regola nicht (non) sta davanti a quell'elemento della frase che deve negare.

Das ist nicht gut.
das ist nicht guut
questo è non bene
Non è bene.

Das ist nicht das Theater.
das ist nicht das té'aatèr
questo è non il teatro
Questo non è il teatro.

Frasi complete vengono negate con nicht (non). Nicht sta, a differenza dell'italiano, dopo il verbo. Complementi avverbiali e anche i prefissi separabili stanno alla fine della frase.

In tempi composti nicht *sta davanti al participio.*

Ich gehe nicht.
ich ghéee nicht
io vado non
Non vado.

Der Zug fährt nicht ab.
dèr zuuk fèrt nicht ap
il treno parte+ non PRE
Il treno non parte.

In frasi con verbi modali o ausiliari nicht *sta davanti al verbo principale:*

Ich habe es nicht vergessen!
ich Habe ès nicht fèrghèssen
io ho lo[4] non dimenticato
Non l'ho dimenticato!

Un complemento avverbiale però sta fra nicht *e il verbo principale:*

Er will nicht kommen.
èr vil nicht kòmmen
lui vuole non venire
Non vuole venire.

Ich werde nicht in Köln studieren.
ich vèrde nicht in köln sc'tudiiren
io divento non a Colonia studiare
Non studierò a Colonia.

pronomi indefiniti negativi

keiner (m)	*kainèr*	non ... nessuno
keine (f)	*kaine*	non ... nessuna
kein (n)	*kain*	non ... nessuno
niemand	*niimant*	non ... nessuno
nichts	*nichz*	non ... niente
niemals	*niimals*	non ... mai

I pronomi negativi possono essere soggetto o complemento. A differenza dell'italiano non si ha la doppia negazione.

Keiner ist gekommen.
kainèr ist ghekòmmen
nessuno è venuto
Non è venuto nessuno.

Niemand hat ihn gesehen.
niimant Hat iin gheséen
nessuno ha lui[4] visto
Non lo ha visto nessuno.

Nichts hat funktioniert.
nichz Hat funk'zioniirt
niente ha funzionato
Non ha funzionato niente.

Ich hatte kein Glück.
ich Hatte kain glük
io avevo non[4] fortuna[4]
Non avevo fortuna.

Ich höre niemanden.
ich Hööre niimanden
io sento nessuno[4]
Non sento nessuno

Come complemento keine(r) *e* niemand *vengono declinati.*

I quattro casi

In italiano la declinazione dei nomi avviene mediante preposizioni, che attribuiscono ai casi le loro funzioni; nella declinazione il sostantivo rimane invariato. In tedesco i nomi, aggettivi, pronomi, ecc. vengono declinati aggiungendo certe desinenze alle parole per ogni caso.

Una parola declinata si riconosce nella traduzione letterale dal piccolo numero posto in alto (2, 3 o 4). Questo facilita lo scambio di una parola con un'altra che deve essere declinata nello stesso caso. Tutte le parole non contrassegnate con un numero stanno nel 1° caso. Il fatto che qualche volta alcune parole o gruppi di parole non prendono una desinenza di un caso e sono quindi identiche con il 1° caso non deve confondere.

Il 1° caso tedesco (nominativo) è la forma normale delle parole.

die Mutter	**das Kind**
dii muttèr	*das kint*
la madre	il bambino

Il 2° caso tedesco (genitivo) indica la provenienza, l'origine oppure una relazione di possesso. In italiano questo caso viene introdotto dalla preposizione „di". In tedesco la domanda „di chi?" si fa con wessen?

die Mutter des Kindes
dii muttèr dès kindes
la madre il² bambino²
la madre del bambino

das Kind der Mutter
das kint dèr muttèr
il bambino la² madre²
il bambino della madre

Il 3° caso tedesco (dativo) viene introdotto in italiano dalla preposizione „a“. La domanda „a chi?“ si esprime con wem?

Die Mutter schreibt dem Kind.
dii muttèr sc'raipt dém kint
la madre scrive il³ bambino³
La madre scrive al bambino.

Das Kind schreibt der Mutter.
das kint sc'raipt dèr muttèr
il bambino scrive il³ madre³
Il bambino scrive alla madre.

Nel 4° caso tedesco (accusativo) stanno quasi tutti i complementi. Le domande sono wen? o was? („chi?“ o „che?“).

Die Mutter schreibt einen Brief.
dii muttèr sc'raipt ainen briif
la madre scrive una⁴ lettera⁴
La madre scrive una lettera.

Il 2° caso non è usato molto spesso, mentre il 3° e 4° caso trovano un uso più frequente. Non sempre si usa il 3° caso se in italiano si usano le preposizioni „a“ o „da“ e viceversa. Il più frequente caso in tedesco è – naturalmente con eccezione del 1° caso – il 4° caso. Fortunatamente il 4° caso – con eccenzione dell'articolo maschile determinato/indeterminato e la desinenza maschile degli aggettivi – è sempre identico con il 1° caso.

La declinazione

La declinazione nel tedesco non è così complicata quanto si potrebbe credere a prima vista. Se si conosce il genere grammaticale e la desinenza del plurale di una parola la si può declinare facilmente con l'aiuto delle tabelle seguenti.

declinazione dei nomi

Nel singolare si distinguono 3 tipi diversi di sostantivi:

1° tipo: tutti i sostantivi neutri e quasi tutti i sostantivi maschili che non appartengono al 2° tipo.

2° tipo: tutti i sostantivi maschili che hanno la desinenza -en nel plurale e designano un essere vivente.
3° tipo: tutti i sostantivi femminili (non hanno al singolare nessuna desinenza!).

Per mostrare chiaramente la desinenza del caso, la separiamo dalla base della parola con una lineetta. Una lineetta che non sia seguita da desinenza significa che si ha " desinenza zero".

	1o tipo	2o tipo	3o tipo
1° caso	**Mann-** (uomo)	**Bär-** (orso)	**Frau-** (donna)
2° caso	**Mann-es**	**Bär-en**	**Frau-**
3° caso	**Mann-(e)**	**Bär-en**	**Frau-**
4° caso	**Mann-**	**Bär-en**	**Frau-**

Nel plurale si distinguono 5 tipi di sostantivi. Qui la declinazione dipende soltanto dalla desinenza del plurale e non dal genere. Per questa ragione è importante imparare allo stesso tempo una parola nel singolare e nel plurale.

plurale	1o, 2o, 4o caso	3o caso	
...-e	**Tier-e**	**Tier-en**	*animali*
...-	**Lehrer-**	**Lehrer-n**	*insegnanti*
...-(e)n	**Frau-en**	**Frau-en**	*donne*
...-er	**Kind-er**	**Kind-ern**	*bambini*
...-s	**Auto-s**	**Auto-s**	*macchine*

declinazione degli articoli

Gli articoli concordano in numero, genere e caso con i nomi a cui si riferiscono. L'articolo indeterminato esiste soltanto nel singolare.

articolo determinato

*der/den *è l'articolo maschile,* das *è l'articolo neutro.*

	singolare m/n	f	plurale m/n/f
1° caso	**der/das***	**die**	**die**
2° caso	**des**	**der**	**der**
3° caso	**dem**	**der**	**dem**
4° caso	**den/das***	**die**	**die**

articolo indeterminato singolare

	m/n	f
1° caso	**ein**	**eine**
2° caso	**eines**	**einer**
3° caso	**einem**	**einer**
4° caso	**einen**	**eine**

declinazione degli aggettivi

Come gli articoli anche gli aggettivi (come attributi) concordano in numero, genere e caso con i nomi a cui si riferiscono. Qui però si deve distinguere se il nome sta con l'articolo indeterminato o senza articolo oppure l'articolo determinato!

ein reich-er Mann
ain raichèr man
un ricco uomo
un uomo ricco

der reich-e Mann
dèr raiche man
il ricco uomo
l'uomo ricco

Ora presentiamo la declinazione degli aggettivi, prendendo come esempio paradigmatico l'aggettivo gut (buono). Se si vuole declinare un altro aggettivo bisogna soltanto sostituire gut con l'aggettivo voluto.

Come prima le desinenze dei casi sono separati da lineette.

con l'articolo indeterminato o senza articolo

	singolare m/n	f	plurale m/n/f
1° caso	**gut-er/-es***	**gut-e**	**gut-e**
2° caso	**gut-en**	**gut-er**	**gut-er**
3° caso	**gut-em**	**gut-er**	**gut-en**
4° caso	**gut-en/-es***	**gut-e**	**gut-e**

*Le desinenze con * sono neutri.*

con l'articolo determinato

	singolare m/n	f	plurale m/n/f
1° caso	**gut-e**	**gut-e**	**gut-en**
2° caso	**gut-en**	**gut-en**	**gut-en**
3° caso	**gut-en**	**gut-en**	**gut-en**
4° caso	**gut-en/-e***	**gut-e**	**gut-en**

declinazione dei pronomi possessivi

Le desinenze del 1° caso dei pronomi possessivi si conoscono già. L'esempio seguente mein (mio) può essere sostituito da ogni altro pronome possessivo.

	singolare m/n	f	plurale m/n/f
1° caso	**mein–**	**mein-e**	**mein-e**
2° caso	**mein-es**	**meiner**	**mein-er**
3° caso	**mein-em**	**mein-er**	**mein-en**
4° caso	**mein–**	**mein-e**	**mein-e**

Le preposizioni

Per lo più le preposizioni precedono il nome oppure il pronome a cui si riferiscono. Il nome viene declinato nel caso che la preposizione esige. Alcune preposizioni esigono o il 3° caso o il 4° caso, a seconda del contesto.

con il 2o caso		
abseits	*ap'saiz*	lontano da
anstelle, **(an)statt**	*an'sc^{i}tèlle,* *(an)sc^{i}tat*	invece di
aufgrund, **wegen**	*aufgrunt,* *véeghen*	a causa di
außerhalb	*aussèrHalp*	fuori di
einschließlich	*ain'sc^{i}liislich*	incluso
innerhalb	*innèrHalp*	all'interno di
oberhalb	*óobèrHalp*	sopra di
unterhalb	*untèrHalp*	al di sotto di
jenseits	*jéensaiz*	al di là
während	*vèerent*	durante

während der Vorstellung
vèerent dèr fòrsc^{i}tèllung
durante il[2] spettacolo[2]
durante lo spettacolo

außerhalb der Stadt
aussèrHalp dèr sc^{i}tat
fuori-di la[2] città[2]
fuori della città

con il 3o caso		
aus	*aus*	da, di
bei	*bai*	da
gegenüber	*ghéghen'üübèr*	di fronte a
mit	*mit*	con
nach	*naa~~ch~~*	dopo, secondo
nahe	*naae*	presso, vicino
seit	*sait*	da quando
von	*fòn*	da, di
zu	*zuu*	da, a

Er ging heute Morgen aus dem Haus.
èr ghing Hoite mòrghen aus dém Haus
lui andava oggi mattina da la[3] casa[3]
Stamattina è uscito di casa.

Ich war bei ihm/ihr.
ich vaar bai iim/iir
io ero da lui[3]/lei[3]
Sono stato/-a da lui/lei.

seit einem Jahr
sait ainem yaar
da un[3] anno[3]
da un anno

con il 4o caso		
durch	*durch*	per (mezzo di)
entlang	*èntlang*	lungo
für	*für*	per
gegen	*ghéeghen*	contro, verso
ohne	*óone*	senza
um	*um*	intorno a; a

Ich kaufe ein Geschenk für ihn/sie.
ich kaufe ain ghe'scẹnk für iin/sii
io compro un presente per lui[4]/lei[4]
Compro un regalo per lui/lei.

Le preposizioni

Ich fahre ohne meine Eltern in die Ferien.
ich faare óone maine èltern in dii féerien
io vado senza miei^{4} genitori^{4} in le^{4} vacanze^{4}
Vado in vacanza senza i miei genitori.

con il 3o o il 4o caso		
an	*an*	a, su, di, per
auf	*auf*	su, sopra, in
hinter	*Hintèr*	dietro, dopo
in	*in*	in, a
neben	*néeben*	accanto
unter	*untèr*	sotto
vor	*fòor*	davanti a; fa
zwischen	*zviscen*	fra, tra

Queste preposizioni esigono o il 3° caso o il 4° caso a seconda se si riferiscono ad „uno stato in luogo“ o ad „moto verso luogo“.

Das Buch liegt auf dem Tisch.
das buu~~eh~~ liikt auf dém tisc^{i}
il libro giace su il^{3} tavolo^{3}
Il libro sta sul tavolo.

Ich lege das Buch auf den Tisch.
ich léeghe das buu~~eh~~ auf dén tisc^{i}
io metto il libro su il^{4} tavolo^{4}
Metto il libro sul tavolo.

vor vielen Jahren
fòr fiilen yaaren
davanti molti^{3} anni^{3}
molti anni fa

vor einer Woche
fòor ainèr vò~~ehe~~
fa un^{3} settimana^{3}
una settimana fa

Alcune preposizioni vengono usate in modo che non si può stabilire se si tratta di una direzione o di un luogo e quindi il caso esatto.

in einer Woche	**Auf dein Wohl!**
in ainèr vòche	*auf dain vóol*
in una[3] settimana[3]	*su tua[4] salute[4]*
fra una settimana	Alla tua salute!

I numeri e contare

Soltanto alcuni numeri sono irregolari.

i numeri cardinali

Per formare i numeri da 11 fino a 20 basta aggiungere al numero cardinale la desinenza -zehn. Eccezioni sono i numeri 11 (elf), 12 (zwölf) e 17 (siebzehn, non „siebenzehn").

0	**null**	*nul*	10	**zehn**	*zéen*
1	**eins**	*ains*	11	**elf**	*èlf*
2	**zwei**	*zvai*	12	**zwölf**	*zvölf*
3	**drei**	*drai*	13	**dreizehn**	*draizén*
4	**vier**	*fir*	14	**vierzehn**	*firzén*
5	**fünf**	*fünf*	15	**fünfzehn**	*fünfzén*
6	**sechs**	*sèx*	16	**sechzehn**	*sèchzén*
7	**sieben**	*siiben*	17	**siebzehn**	*sipzén*
8	**acht**	*acht*	18	**achtzehn**	*achzén*
9	**neun**	*noin*	19	**neunzehn**	*noinzén*

Per non confondere i numeri zwei *(due) e* drei *(tre), si può dire* zwo *invece di* zwei.

I numeri e contare

I numeri 20, 30, ecc. si formano aggiungendo la desinenza -zig al numero cardinale.

Eccezioni: 10 si dice zehn *e 30 si dice* dreißig, *non „dreizig".*

10	**zehn**	*zéen*
20	**zwanzig**	*zvanzich*
30	**dreißig**	*draissich*
40	**vierzig**	*firzich*
50	**fünfzig**	*fünfzich*
60	**sechzig**	*sèchzich*
70	**siebzig**	*sipzich*
80	**achtzig**	*achzich*
90	**neunzig**	*noinzich*

I numeri 200, 300, ecc. si formano più regolarmente. 100 si dice einhundert oppure soltanto hundert. Per tutte le altre centinaia si aggiunge al numero cardinale di base -hundert:

100	**(ein)hundert**	*(ain')Hundèrt*
200	**zweihundert**	*zvai'Hundèrt*
300	**dreihundert**	*drai'Hundèrt*
400	**vierhundert**	*fir'Hundèrt*
500	**fünfhundert**	*fünf'Hundèrt*
600	**sechshundert**	*sèx'Hundèrt*
700	**siebenhundert**	*siiben'Hundèrt*
800	**achthundert**	*acht'Hundèrt*
900	**neunhundert**	*noin'Hundèrt*

1000 si dice eintausend *oppure soltanto* tausend.

1.000	**(ein)tausend**	*(ain)'tausent*
10.000	**zehntausend**	*zéen'tausent*
100.000	**hunderttausend**	*Hundèrt'tausent*
1.000.000	**eine Million**	*aine mil'yóon*
2.000.000	**zwei Millionen**	*zvai milyóonen*

21	**einundzwanzig**	*ain'un'zvanzich*
22	**zweiundzwanzig**	*zvai'un'zvanzich*
23	**dreiundzwanzig**	*drai'un'zvanzich*

Per i numeri composti sotto cento si prende il numero cardinale (1-9), la parola und *(e) e 20, 30, ecc.*

Per i numeri composti con 100, 1000, ecc. si lascia seguire soltanto il prossimo numero più piccolo (eventualmente composto):

101	**(ein)hunderteins** *(ain)'Hundèrt'ains*
102	**(ein)hundertzwei** *(ain)'Hundèrt'zvai*
220	**zweihundertzwanzig** *zvai'Hundèrt'zvanzich*
221	**zweihunderteinundzwanzig** *zvai'Hundèrt'ain'un'zvanzich*

contare			
+	**plus**	*plus*	più
-	**minus**	*miinus*	meno
x	**mal**	*maal*	per
:	**(geteilt) durch**	*(ghetailt) durch*	diviso (per)
=	**ist/macht**	*ist/ma~~eh~~t*	fa, uguale a
	(ist) gleich	*(ist) glaich*	

Zwei mal drei ist sechs.
zvai maal drai ist sèx
due moltiplicato-per tre è sei
Due per tre fa sei.

Eins plus vier macht fünf.
ains plus fir ma~~eh~~t fünf
Uno più quattro fa cinque.

I numeri e contare

i numeri ordinali

Soltanto le forme erster *e* zweiter *sono irregolari!*

Tutti i numeri ordinali fino a 19° si formano aggiungendo la desinenza -ter al numero cardinale. A partire da 20° si aggiunge la desinenza -ster:

erster	*èrstèr*	primo
zwei-ter	*zvaitèr*	secondo
dritter	*drittèr*	terzo
zwanzig-ster	*zvan'zixtèr*	ventesimo

Se il numero ordinale viene usato come attributo esso prende le stesse desinenze degli aggettivi.

die ersten Zähne	**die zweite Frau**
die èrsten zèene	*die zvaite frau*
i primi denti	la seconda donna

i numeri frazionari

I numeri frazionari si formano aggiungendo la desinenza -tel al numero cardinale, a partire da 20 la desinenza -stel. Soltanto einhalb (un mezzo) è irregolare.

einhalb	*ainHalp*	un mezzo (di)
ein Drittel	*ain drittel*	un terzo (di)
ein Viertel	*ain firtel*	un quarto (di)
ein Fünftel	*ain fünftel*	un quinto (di)

una volta, due volte, ...

Al numero cardinale si aggiunge la desinenza -mal. *Una eccezione è* einmal *(non „einsmal").*

einmal	*ainmal*	*una-volta*	una volta
zweimal	*zvaimal*	*due-volta*	due volte
dreimal	*draimal*	*tre-volta*	tre volte

Tempo e data

Il tempo ed essere puntuali è molto importante in Germania.

date generali

Tag (m)	*taak*	giorno
Morgen (m)	*mòrghen*	mattina
Vormittag (m)	*fòrmittaak*	mattina
Mittag (m)	*mittaak*	mezzogiorno
Nachmittag (m)	*na~~eh~~mittaak*	pomeriggio
Abend (m)	*aabent*	sera
Nacht (f)	*na~~eh~~t*	notte
Mitternacht (f)	*mittèrna~~eh~~t*	mezzanotte
Woche (**-n**, f)	*vò~~eh~~e*	settimana
Monat (**-e**, m)	*móonat*	mese
Jahr (**-e**, n)	*yaar*	anno

in einer Woche
in ainèr vò~~eh~~e
in una[3] settimana[3]
fra una settimana

in einem Monat/Jahr
in ainem móonat/yaar
in un[3] mese[3]/anno[3]
fra un mese/anno

letzte Woche
lèzte vò~~eh~~e
ultima settimana
la settimana scorsa

nächstes Wochenende
nèch'stès vo~~eh~~en'ènde
prossima fine-settimana
la pross. fine settimana

täglich	*tèeklich*	quotidianamente
wöchentlich	*vöchentlich*	settimanalmente
monatlich	*móonatlich*	mensilmente
jährlich	*yèerlich*	annuale, all'anno

Tempo e data

morgens, vormittags	*mòrghens, fòrmittaax*	di mattina
mittags	*mittaax*	a mezzogiorno
nachmittags	*naehmittaax*	di pomeriggio
abends	*aabenz*	di sera
nachts	*naehz*	di notte
heute	*Hoite*	oggi
heute Morgen	*Hoite mòrghen*	stamattina
heute Nachmittag	*Hoite naehmittaak*	questo pomeriggio
heute Abend	*Hoite aabent*	stasera
heute Nacht	*Hoite naeht*	stanotte
gestern	*ghèstèrn*	ieri
vorgestern	*fòrghèstèrn*	l'altro ieri
morgen	*mòrghen*	domani
übermorgen	*üübèrmòrghen*	dopodomani
jetzt, nun	*yèzt, nuun*	adesso, ora
bald	*balt*	fra poco
vor kurzem	*fòr kurzem*	poco fa
schon	*sc'óon*	ancora
noch nicht	*nòeh nicht*	non ancora
früh	*früü*	presto
spät	*sc'pèet*	tardi
spätestens	*sc'pèetestens*	al più tardi
frühestens, rechtzeitig	*früüestens, rèch'zaitich*	al più presto, in tempo
pünktlich	*pünktlich*	in orario
sofort	*sófòort*	subito
irgendwann	*irghentvan*	prima o poi
immer	*immèr*	sempre
manchmal	*manchmal*	qualche volta
nie	nii	non mai

le ore

Zeit (sg, f)	*zait*	tempo
Uhr (**-en**, f)	*uur*	orologio; ora
Stunde (**-n**, f)	*sc'tunde*	ora
Minute (**-n**, f)	*minuute*	minuto
Sekunde (**-n**, f)	*sékunde*	secondo
Viertel (n)	*firtel*	quarto

Wie spät ist es?
vii sc'pèet ist ès
come tardi è lo
Che ore sono?

Es ist ein Uhr.
ès ist ain uur
lo è una orologio
E' l'una.

Es ist zwei Uhr.
ès ist zvai uur
lo è due orologio
Sono le due.

Es ist halb drei.
ès ist Halp drai
lo è mezzo tre
Sono le due e mezza.

Es ist Viertel nach vier.
ès ist firtel naa~~ch~~ fir
lo è quarto dopo quattro
Sono le quattro e un quarto.

Es ist zehn Minuten vor fünf.
ès ist zéen minuuten fòr fünf
lo è dieci minuti prima cinque
Sono le cinque meno dieci minuti.

Um wie viel Uhr?
um vi fiil uur
a come molto orologio
A che ora?.

Um vier (Uhr).
um vir (uur)
a quattro (orologio)
Alle quattro.

Tempo e data

Sonnabend *si usa più nel nord di Germania,* Samstag *si usa più nel sud. Tuttavia appartengono ambedue all'alto tedesco.*

i giorni settimanali		
Montag (m)	*móontaak*	lunedì
Dienstag (m)	*diins'taak*	martedì
Mittwoch (m)	*mitvò~~ch~~*	mercoledì
Donnerstag (m)	*dònnèrs'taak*	giovedì
Freitag (m)	*fraitaak*	venerdì
Samstag (m)	*sams'taak*	sabato
Sonnabend (m)	*sònn'abent*	
Sonntag (m)	*sòntaak*	domenica

Welcher Tag ist heute?
vèlchèr taak ist Hoite
che giorno è oggi
Che giorno è oggi?

Heute ist Dienstag.
Hoite ist diins'taak
oggi è martedì
Oggi è martedì.

i mesi		
Januar (m)	*yanuar*	gennaio
Februar (m)	*féebruar*	febbraio
März (m)	*mèrz*	marzo
April (m)	*april*	aprile
Mai (m)	*mai*	maggio
Juni (m)	*yuuni*	giugno
Juli (m)	*yuuli*	luglio
August (m)	*august*	agosto
September (m)	*sèptèmbèr*	settembre
Oktober (m)	*òktóobèr*	ottobre
November (m)	*nóvèmbèr*	novembre
Dezember (m)	*dézèmbèr*	dicembre

Ich habe im Januar Geburtstag.
ich Haabe im yanuar gheburztaak
io ho in-il[3] gennaio[3] compleanno[4]
Il mio compleanno è in gennaio.

i giorni festivi		
Werktag (m)	*vèrktaak*	giorno feriale
Feiertag (m)	*faièrtaak*	giorno festivo
gesetzlicher Feiertag	*ghesèzlichèr faièrtaak*	festa legale
Neujahr (sg n)	*noi'yaar*	Anno Nuovo
Pfingsten (pl)	*pfing'sten*	Pentecoste
Ostern (pl)	*oostèrn*	Pasqua
Weihnachten (pl)	*vainaehten*	Natale

la data

Si può chiedere la data in modi diversi. Le due prossime domande vogliono dire „Quanti ne abbiamo oggi?".

Der Wievielte ist heute?
dèr viifilte ist Hoite
il quanto è oggi

Welches Datum haben wir heute?
vèlches daatum Haaben vir Hoite
che data abbiamo noi oggi

Heute ist der erste November.
Hoite ist dèr èrste nóvèmbèr
oggi è il primo novembre
Oggi è il primo novembre.

Heute ist Sonntag, der vierte Januar.
Hoite ist sòntaak, dèr firte yanuar
oggi è sabato, il quarto gennaio
Oggi è sabato, quattro gennaio.

A differenza dell'italiano la data in tedesco si forma sempre con i numeri ordinali e non soltanto il 1° del mese.

Foto: Ralf Brunner (DZT)

Pattinaggio sulla Außenalster ghiacciata (Amburgo)

Indicazioni di comportamento

In Germania ci si rivolge a persone estranee, con cui non si ha un rapporto di amicizia, sempre con „Lei“ (Sie), soltanto a persone della stessa età, a persone più giovani, giovani (scolari, studenti), si da del „tu“ (du). Per i tedeschi il „tu“ ha un certo valore affettivo. Se vi viene offerto il „tu“ da un tedesco vuol dire che vi considera come un amico e non vuole trattarvi superficialmente. Vi raccomando di dare del „Lei“ se non siete sicuri.

In Germania si saluta con una stretta di mano. Se ci s'incontra fra buoni amici ci si abbraccia. Sulla guancia ci si bacia tutt'al più in famiglia o tra amici molto stretti, e per lo più soltanto una volta.

Se si è invitati a casa di qualcuno si porta un mazzo di fiori oppure una bottiglia di vino. Se si è invitati a prendere il caffè con la torta oppure a pranzo non si dovrebbe dimenticare di lodare l'arte di cucinare della casalinga o del padrone di casa.

Un semaforo rosso in Germania è un semaforo rosso! Inoltre ci sono soprattutto nelle città tanti apparecchi che rilevano la velocità e fotografano le macchine che passano col rosso o superano il limite di velocità consentito. La conseguenza è che poco dopo si riceverà una multa salata. Questo vale anche per stranieri e turisti.

Dove è vietato fumare non si deve fumare veramente! Se ci proverete vi verrà intimato probabilmente in un tono brusco di non fumare. Se si è da ospiti di cui non si sa se fumano, si dovrebbe chiedere se si può fumare. Ci si deve aspettare di vedersi rivolgere la preghiera di fumare sul balcone, sulla terrazza o in giardino.

Se si esce a mangiare con conoscenti o amici di solito ognuno paga il proprio conto. Un'altra cosa è se uno invita tutti gli altri e dice zusammen (insieme).

I prezzi non vengono sempre arrotondati, per lo più le somme vengono pagate precisamente fino all'ultima pfennig.

Per chiamare una persona con un cenno della mano si tiene la mano in direzione opposta rispetto a quella tenuta normalmente in Italia, quindi con il dorso della mano in giù. Oppure si chiama una persona con un cenno dell'avambraccio e la mano (con il dorso della mano in giù).

Nomi e intestazioni

In tedesco ci sono come in italiano un nome e il cognome. Fino a poco tempo fa la moglie prendeva il cognome del marito oppure conservava oltre al cognome del marito il proprio e aveva quindi due cognomi. I bambini prendevano il cognome del padre.

Da qualche tempo gli sposi possono decidere quale cognome (del marito o della moglie) vogliono prendere oppure se uno vuole conservare il proprio cognome oltre al cognome dell'altro e ha quindi due cognomi.

Gli sposi devono decidere quale cognome prendono i bambini: quello del padre o della madre.

l'intestazione

Herr	*Hèr*	signor(e)
Frau	*frau*	signora
Fräulein	*froilain*	signorina

L'intestazione con Fräulein non è più usata, tutt'al più come allocuzione alla cameriera in un caffè o in un ristorante.

dare del Lei/tu

Come in Italia si da del Lei a persone che non si conosce oppure a persone che sono più vecchie o che hanno più di 18 anni. Anche in situazioni più formali.

sich duzen	*sich duuzen*	darsi del tu
sich siezen	*sich siizen*	darsi del Lei

Amici, studenti e giovani della stessa età si danno del tu.

Wollen wir uns duzen?
vòllen vir uns duuzen
vogliamo noi ci(r) dare-del-tu
Vogliamo darci del tu?

Salutare e congedarsi

Ci sono tante possibiltà per salutare qualcuno e congedarsi.

salutare

Guten Morgen!
guuten mòrghen
Buon giorno!

Guten Tag!
guuten taak
Buon giorno!

Guten Abend!
guuten aabent
Buona sera!

Willkommen!
vilkòmmen
Benvenuto!

Fra amici si può dire Hallo! o Hey! (Ciao!).

geht's *è la forma corta per* geht es.

Wie geht's?
vii ghéez
come va-lo
Come va?

Wie geht es dir?
vii ghéet ès dir
come va lo ti[3]
Come ti va?, Come stai?

Lange nicht gesehen!
langhe nicht gheséen
lungo non visto
È tanto tempo che non ci vediamo!

Was machst du so?
vas maehst du sóo
che fai tu così
Che fai?

Was ist los?
vas ist lóos
che è successo
Che c'è?

Persone che si danno del Lei dicono:

Wie geht es Ihnen?
vii ghéet ès iinen
come va lo Loro[3]
Come sta?

Danke, mir geht es gut.
danke, mir ghéet ès guut
grazie, mi[3] *va lo bene*
Bene, grazie.

Mal so, mal so.
mal sóo, mal sóo
volta così, volta così
Così, così.

Es geht mir nicht so gut.
ès ghéet mir nicht so guut
lo va mi[3] *non così bene*
Non sto molto bene.

Nicht besonders.
nicht besòndèrs
non specialmente
Non troppo bene.

Ich kann nicht klagen.
ich kan nicht klaaghen
io posso non lamentare
Non posso lamentarmi.

Con lo Smartphone possono essere ascoltate le frasi di questo capitolo che sono raffigurate da un orecchio. Scannerizzi semplicemente il codice QR tramite una App gratuita, per esempio „Barcoo" o „Scanlife".

congedarsi

Mach's gut!
ma~~ch~~s guut
fa-lo bene
Stammi bene!

Bis dann!
bis dan
fino-a poi
A presto!

Tschüss!
c'üs
Ciao!

Bis bald!
bis balt
fino-a presto
A presto!

Bis später!
bis sc'pèetèr
fino-a tardi
A più tardi!

Bis morgen.
bis mòrghen
fino-a domani
A domani.

Gute Nacht!
guute na~~ch~~t
buona[4] *notte*[4]
Buona notte!

Auf Wiedersehen!
auf viidèr'séen
su arrividerci[4]
Arrividerci/-La!

Domandare, ringraziare, augurare

Per „prego“ e „per favore“ esiste soltanto la parola bitte in tedesco.

domandare

Kannst du mir bitte mal helfen?
kanst du mir bitte maal Hèlfen
puoi tu mi[3] prego volta aiutare
Mi puoi aiutare un po', per favore?

Con lo Smartphone possono essere ascoltate le frasi di questo capitolo che sono raffigurate da un orecchio ( ).

Se si non è capito qualcosa si chiede wie bitte? (cosa?):

Bitte setzen Sie sich!
bitte sèzen sii sich
prego siedono Loro si(r)
Prego, si accommodi!

Wie bitte?
vii bitte
come prego
Cosa?, Come?

ringraziare

Danke./Dankeschön.
danke/danke'sc'öön
grazie/grazie-bello
Grazie.

Vielen Dank.
fiilen dank
molto[4] ringraziamento[4]
Grazie tante.

La risposta a bitte *è* danke. *A* danke *si può rispondere con:*

Gern geschehen!
ghèrn ghe'scéen
volentieri successo
L'ho fatto volentieri!

Keine Ursache!
kaine ur'sa~~ch~~e
niente-di causa
Non c'è di che!

Nicht der Rede wert!
nicht dèr réede vèrt
non lo[2] discorso[2] degno
Non vale la pena di parlarne!

augurare

Viel Glück!
fiil glük
molto fortuna
Buona fortuna!

Herzlichen Glückwunsch!
Hèrzlichen glükvunsc[i]
cordiale[4] augurio[4]
Tanti auguri!

Herzlichen Glückwunsch zum Geburtstag!
Hèrzlichen glükvunsc[i] zum gheburz'taak
cordiale[4] augurio[4] per-il[4] genetliaco[4]
Tanti auguri per il tuo/Suo compleanno!

Guten Rutsch!
guuten ruc[i]
buono[4] scivolone[4]
Buon anno!

Frohes Neues Jahr!
fróoes noies yaar
allegro[4] nuovo[4] anno[4]
Buon anno nuovo!

Guten Rutsch! si dice prima del 31 dicembre.

Frohe Ostern!
fróoe óostèrn
allegre[4] Pasqua(pl)[4]
Buona Pasqua!

Frohe Weihnachten!
fróoe vai'na~~eh~~ten
allegri[4] Natali[4]
Buon Natale!

Il primo discorso

In un primo discorso s'interessa del nome, della età e della professione.

Con lo Smartphone possono essere ascoltate le frasi di questo capitolo che sono raffigurate da un orecchio (👂).

👂 **Wie heißt du?**
vii Haist du
come ti-chiami tu
Come ti chiami?

👂 **Wie heißen Sie?**
vii Haissen sii
come si-chiamano Loro
Come si chiama?

👂 **Ich heiße ...**
ich Haisse
io mi-chiamo
Mi chiamo ...

👂 **Mein Name ist Andrea Bendini.**
main naame ist andrea bèndini
mio nome è Andrea Bendini
Il mio nome è Andrea Bendini.

👂 **Woher bist du?**
vóHèr bist du
da-dove sei tu
Di dove sei?

👂 **Woher sind Sie?**
vóHèr sint sii
da-dove sono Loro
Di dove è?

Woher kommst du?
vóHèr kòmst du
da-dove vieni tu
Da dove vieni?

Woher kommen Sie?
vóHèr kòmmen sii
da-dove vengono Loro
Da dove viene?

👂 **Ich bin/komme aus Mailand/Florenz/Rom.**
ich bin/kòmme aus mailant/flórènz/róom
io sono/vengo da Milano[3]/Firenze[3]/Roma[3]
Sono di Milano/Firenze/Roma.

Wo wohnst du?
vóo vóonst du
dove habiti tu
Dove abiti?

Wo wohnen Sie?
vóo vóonen sii
dove vivono Loro
Dove abita (o: abitate)?

Ich wohne in Frankfurt/München/Hamburg.
ich vóone in frankfurt/münchen/Hamburk
io vivo in Francoforte[3]/Monaco[3]/Amburgo[3]
Abito a Francoforte/Monaco/Amburgo.

Bist du schon lange hier (in Deutschland)?
bist du sc^{i}óon langhe Hir (in doic^{i}lant)
sei tu ancora a-lungo qui (in Germania[3])
Sei da tanto tempo qui (in Germania)?

Wie alt bist du?
vii alt bist du
come vecchio sei tu
Quanti anni hai?

Wie alt sind Sie?
vii alt sint sii
come vecchio sono Loro
Quanti anni ha?

Ich bin dreißig (Jahre alt).
ich bin draissich (yaare alt)
io sono trenta (anni vecchio)
Ho trent'anni.

Bist du verheiratet?
bist du fèrHairatet
sei tu sposato
Sei sposato/-a?

Sind Sie verheiratet?
sint sii fèrHairatet
sono Loro sposato
È sposato/-a?

Hast du Kinder?
Hast du kindèr
hai tu bambini[4]
Hai dei bambini?

Haben Sie Kinder?
Haaben sii kindèr
hanno Loro bambini[4]
Ha dei bambini?

Ja, einen Sohn / eine Tochter.
yaa, ainen sóon / aine tòchtèr
sì, un[4] figlio[4] / una[4] figlia[4]
Sì, un figlio / una figlia.

Was für einen Beruf hast du / haben Sie?
vas für ainen beruuf Hast du / Haaben sii
che per una professione hai tu / hanno Loro
Che professione fai / fa?

Ich bin ...
sono io ...
Sono ...

Angestellte/-r (f/m)	*an'ghe'sc'tèltè/-r*	impiegato/-a
Arbeiter/-in (m/f)	*arbaiter/-in*	operaio/-a
Arzt/Ärztin (m/f)	*arzt/èrztin*	medico/dottoressa
Direktor/-in (m/f)	*dirèktóor/dirèktóorin*	direttore/-trice
Friseur/-in (m/f)	*frisöör/-in*	parrucchiere/-a
Geschäftsmann	*ghescèfz'man*	uomo d'affari
Geschäftsfrau	*ghescèfz'frau*	donna d'affari
Handwerker/-in (m/f)	*Hantwèrker/-in*	artigiano/-a
Hausmann/-frau	*Hausman/-frau*	casalingo/-a
Ingenieur/-in (m/f)	*injenyöör/-in*	ingegnere (m/f)
Journalist/-in (m/f)	*jurnalist/-in*	giornalista (m/f)
Lehrer/-in (m/f)	*léerer/-in*	maestro/-a
Mechaniker/-in (m/f)	*mèchaaniker/-in*	meccanico/-a
Rechtsanwalt	*rèchz'anvalt*	avvocato
Rechtsanwältin	*rèchz'anvèltin*	avvocatessa
Schüler/-in (m/f)	*sc'üülèr/-in*	scolaro/-a
Student/-in (m/f)	*sc'tudènt/-in*	studente (m/f)
Verkäufer/-in (m/f)	*vèrkoifer/-in*	venditore/-trice

Ich bin arbeitslos.
ich bin arbaizlóos
io sono disoccupato
Sono disoccupato/-a.

Ich bin (schon) Rentner/Rentnerin.
ich bin (sc'óon) rèntnèr/rèntnerin
io sono (già) pensionato/pensionata
Sono (già) pensionato/pensionata.

Gefällt es dir/Ihnen in Deutschland?
ghefèlt ès dir/iinen in doic'lant
piace lo ti[3]/Loro[3] in Germania[3]
Ti/Le piace in Germania?

Ja, aber das Wetter könnte besser sein.
yaa, abèr das vèttèr könte bèssèr sain
sì, ma il tempo potrebbe meglio essere
Sì, ma il tempo potrebbe essere migliore.

Foto: CS

Fare la spesa al mercato: auf dem Markt einkaufen

Frasi retoriche e modi di dire

Nella vita quotidiana si usano tante frasi retoriche.

acconsentire

Con lo Smartphone possono essere ascoltate le frasi di questo capitolo che sono raffigurate da un orecchio (👂).

👂 Ja!
yaa
Sì!

👂 Genau!
ghenau
Esatto!

Richtig!
richtich
Vero!

👂 Gute Idee!
guute idee
Buona idea!

Das ist wahr.
das ist vaar
È vero.

Du hast / 👂 Sie haben Recht.
du Hast / sii Haben rècht
Hai / ha ragione.

Auf jeden Fall!
auf yéeden fal
In ogni caso!

👂 Einverstanden!
ainfèr'sc'tanden
Va bene!, D'accordo!

👂 Ich bin ganz deiner/Ihrer Meinung.
ich bin ganz dainèr/iirèr mainung
io sono tutto tuo[2]/Loro[2] opinione[2]
Sono affatto della tua/Sua opinione.

rifiutare

👂 Nein, danke.
nain danke
no grazie
No grazie.

👂 Es/das gefällt mir nicht.
ès/das ghefèlt mir nicht
lo/questo piace mi[3] non
Non mi piace (questo).

Kommt nicht in Frage!
kòmt nicht in fraaghe
viene non in domanda
Non se ne parla nemmeno!

Auf keinen Fall!
auf kainen fal
su nessuno[4] caso[4]
In nessun caso!

Du irrst dich.
du irst dich
tu sbagli ti(r)
Sbagli.

Sie irren sich.
sii irren sich
Loro sbagliano si(r)
Sbaglia.

Das ist nicht so.
das ist nicht sóo
lo è non così
Non è così.

Das glaube ich nicht.
das glaube ich nicht
questo credo io non
Non lo credo.

Damit bin ich nicht einverstanden.
damit bin ich nicht ainfèr'sc^{i}tanden
con-questo sono io non d'accordo
Non sono d'accordo.

avere piacere

Das ist schön!
das ist sc^{i}öön
questo è bello
È bello!

Es gefällt mir (sehr)!
ès ghefèlt mir (sèer)
lo[4] piace mi[4] (molto)
Mi piace (molto).

Ich freue mich!
ich froie mich
io rallegro mi(r)
Mi fa piacere.

Freut mich! / Angenehm!
froit mich / an'gheneéem
piace mi(r) / piacevole
Con piacere!, Piacere!

scusarsi

Entschuldigung!
ènc'uldigung
(la-)scusa
Scusa!/Scusi(no)!

Verzeihung!
fèr'zaiung
perdono
Scusi!/Scusino!

Es/das tut mir Leid.
ès/das tuut mir lait
lo/questo fa mi[3] dolente
Mi dispiace.

Das wollte ich nicht.
das vòlte ich nicht
questo volevo io non
Non lo volevo.

altri frasi retoriche

Du Armer! / Du Arme!
du armèr / du arme
tu povero / tu povera
Povero! / Povera!

So ein Pech!
sóo ain pèch
così una pece
Che sfortuna!

Das ist mir egal.
das ist mir egaal
questo è mi[3] uguale
Non me n'importa nulla.

Na und?
na unt
beh e
E allora?

Es hätte schlimmer sein können.
ès Hètte sc'limmèr sain können
lo avrebbe peggio essere potere
Poteva essere peggio.

Mach, was du willst.
ma~~ch~~, vas du vilst
fa, che-cosa tu vuoi
Fa quello che vuoi.

Ich weiß nicht.
ich vais nicht
io so non
Non lo so.

Ich habe keine Ahnung.
ich Haabe kaine aanung
io ho nessuno[4] presentimento[4]
Non ne ho idea.

Ich bin mir nicht sicher.
ich bin mir nicht sichèr
io sono mi[3] non sicuro
Non ne sono sicuro/-a.

Ich weiß nicht, was ich tun soll.
ich vais nicht, vas ich tuun sòl
io so non, che-cosa io fare devo
Non so che fare.

Was soll ich denn machen?
vas sòl ich dèn ma~~ch~~en
che-cosa io dunque fare
Ma che cosa devo fare?

Hör mal!
Hör maal
senti volta
Senti un po'!

Hör doch mal zu!
Hör dò~~ch~~ mal zuu
senti+ però volta PRE
Ascoltami bene!

Ich habe gehört, dass...
ich Haabe gheHört, das
io ho sentito, che ...
Ho sentito che ...

Meiner Meinung nach ...
mainèr mainung naa~~ch~~ ...
mio[2] opinione[2] dopo ...
Secondo me ...

Glaube mir!
glaube mir
credi mi[3]
Credimi!

Glauben Sie mir!
glauben sii mir
credono Loro mi[3]
Mi creda(no)!

Frasi retoriche e modi di dire

Nicht zu fassen!
nicht zu fassen
non da afferare
Incredibile!

Jetzt reicht es aber!
yèzt raicht ès aabèr
adesso basta lo ma
Adesso basta!

Ich bin sauer/wütend.
ich bin sauèr/vüütent
io sono acido/arrabbiato
Sono irritato/-a / arrabbiato/-a.

Mein Gott!
main gòt
mio Dio
Dio mio!

Das ist aber eine Überraschung!
das ist aabèr aine übèr'rasc'ung
questo è ma una sorpresa
Che sorpresa!

Damit habe ich nicht gerechnet.
daamit Haabe ich nicht ghe'rèchnet
con-questo ho io non contato
Non lo avevo previsto.

Wirklich?
virklich
veramente
Davvero?

Im Ernst?
im èrnst
in-il[3] serio[3]
Sul serio?

Hoffentlich!
Hòffentlich
Speriamo!

Da kann man nichts machen.
da kan man nichz maehen
là può si niente fare
Non si può far niente.

O weia!
óo vaia
Ohimé!

Wenn ich das gewusst/geahnt hätte!
vèn ich das ghevust/ghe'aant Hètte
se io questo[4] saputo/presagito avrei
Se lo avessi saputo!

Essere invitati

Quando si viene invitati generalmente si porta un piccolo regalo. Se la ragione dell'invito non è un anniversario oppure un'altra festa speciale, si porta per la donna di casa in ogni caso un mazzo di fiori e forse (per la coppia) in aggiunta una buona bottiglia di vino. Rose rosse si regalano soltanto alla propria donna del cuore! Per i bambini si possono portare dolci o un giocattolo.

Haben Sie morgen Abend Zeit?
Haaben sii mòrghen aabent zait
hanno Loro domani sera tempo[4]
Ha(nno) tempo domani sera?

Ich lade Sie zum Essen ein.
ich laade sii zum èssen ain
io invito+ Loro[4] da-il[3] mangiare[3] PRE
La invito a pranzo/cena.

Vielen Dank für die Einladung!
fiilen dank für dii ainladung
molto[4] grazie[4] per il[4] invito[4]
Grazie tante per l'invito!

Ich komme gerne.
ich kòmme ghèrne
io vengo volentieri
Vengo volentieri.

Con lo Smartphone possono essere ascoltate le frasi di questo capitolo che sono raffigurate da un orecchio ( ).

Essere invitati

Morgen habe ich keine Zeit.
mòrghen Haabe ich kaine zait
domani ho io nessuno[4] tempo[4]
Domani non posso.

Es schmeckt ausgezeichnet!
ès sc'mèkt ausghezaichnet
lo ha-gusto ottimo
È ottimo! (il cibo)

Wie heißt dieses Gericht?
vii Haist diises ghericht
come si-chiama questo piatto
Come si chiama questo piatto?

Möchten Sie noch etwas?
möchten sii nò~~ch~~ ètvas
vorrebbero Loro ancora qualcosa
Desidera(no) altro?

Ja, bitte.
ya, bitte
sì, prego
Sì, grazie.

Nein, danke.
nain, danke
no, grazie
No, grazie.

Danke, das reicht.
danke, das raicht
grazie, questo basta
Basta, grazie.

Es ist schon spät.
ès ist sc'óon sc'pèet
lo è già tardi
Si è fatto già tardi.

Ich muss (jetzt) gehen.
ich mus (yèzt) ghéen
io devo (adesso) andare
Devo andare (adesso).

Es war ein sehr schöner Abend!
ès vaar ain sèr sc'önèr aabent
lo era una molto bella sera
È stata una serata molto bella.

famiglia

Das ist mein/meine ...
das ist main/maine ...
Questo è mio/mia ...

Frau (**-en**, f)	*frau*	donna
Ehefrau (**-en**, f)	*éeefrau*	moglie
Mann (**Männer**, m)	*man (mènnèr)*	uomo
Ehemann (**-männer**, m)	*éeeman (-mènnèr)*	marito
Großmutter (**-mütter**, f)	*gróosmuttèr (-müttèr)*	nonna
Großvater (**-väter**, m)	*gróosfatèr (-fèetèr)*	nonno
Mutter (**Mütter**, f)	*muttèr (müttèr)*	madre
Vater (**Väter**, m)	*faatèr (fèetèr)*	padre
Tante (**-n**, f)	*tante*	zia
Onkel (**-n**, m)	*ònkel*	zio
Schwägerin (**-nen**, f)	*sc'vèegherin*	cognata
Schwager (m)	*sc'vaaghèr*	cognato
Mädchen (n)	*mèet'chen*	bambina
Junge (**-n**, m)	*yunghe*	bambino
Tochter (**Töchter**, f)	*tò~~ch~~tèr (töchtèr)*	figlia
Sohn (**Söhne**, m)	*sóon (sööne)*	figlio
Schwester (**-n**, f)	*sc'vèstèr*	sorella
Bruder (**Brüder**, m)	*bruudèr (brüüdèr)*	fratello
Nichte (**-n**, f)	*nichte*	nipote (f)
Neffe (**-n**, m)	*nèffe*	nipote (m)
Enkel (m)/**-in** (**-nen**, f)	*ènkel/-in*	nipote (di nonno)
Cousine (**-n**, f)	*kusiine*	cugina
Cousin (**-s**, m)	*kusèng*	cugino
verlobt	*fèr'loopt*	fidanzato/-a
verheiratet	*fèr'Hairatet*	sposato/-a
geschieden	*ghe'sciiden*	divorziato/-a
verwitwet	*fèr'vitvet*	vedovo/-a

Uscire

Qui trovate tante frasi che sono importante se volete uscire con qualcuno.

Gehen wir aus?
ghéen viir aus
usciamo+ noi PRE
Usciamo?

Wohin gehen wir?
vóohin ghéen viir
dove andiamo noi
Dove andiamo?

teatro/cinema

Wo und wann treffen wir uns?
vóo unt van trèffen viir uns
dove e a-che-ora incontriamo noi ci
Dove e a che ora ci incontriamo?

Lass uns ins Theater/Kino gehen!
las uns ins té'aater/kiino ghéen
lasci noi nel teatro/cinema andare
Andiamo in teatro/al cinema!

Welcher Film läuft heute?
vèlcher filme loift hoite
quale film corre oggi
Quale film danno oggi? *(cinema)*

Kino (**-s**, n)	*kinó*	cinema
Bar (**-s**, f)	*bar*	bar
Kneipe (**-n**, f)	*knaipe*	cantina
Disco (**-s**, f)	*diskó*	discoteca
Live-Musik (sg f)	*laifmusiik*	musica live
Konzert (**-e**, n)	*kònzèrt*	concerto
Theater (n)	*téaatèr*	teatro

Was wird gespielt?
vas virt gesc'piilt
che-cosa diventa giocato
Che cosa si dà al teatro?

Bist du interessiert?
bist du intèrèssiirt
sei tu interessato
Sei interessato/-a?

Besorgst du uns zwei Karten?
besòrkst du uns zvai kaarten
procuri tu ci[3] due biglietti[4]
Ci prendi due biglietti?

Gibt es eine Ermäßigung für Studenten?
gipt ès aine èrmää'ssigung für sc'tudènten
c'è lo una[4] riduzione[4] per studenti[4]
C'è una riduzione per studenti?

Die Vorstellung ist ausverkauft.
dii fòr'sc'telunk ist aus'fèrkauft
lo spettacolo è esaurito
Tutto esaurito.

disco/ballare

Ich möchte lieber in die Disco gehen.
ich möchte liiber in dii disko ghéen
io vorrei più in il[4] disco[4] andare
Preferisco andare in un disco.

Ich habe Lust zu tanzen.
ich Haabe lust zu tanzen
io ho voglia di ballare
Vorrei ballare.

Darf ich mich zu dir/Ihnen setzen?
darf ich mich zu dir/iinen sèzen
ho-il-permesso io me[4] a te[3]/Loro[3] sedere
Mi posso sedere accanto a te/Lei?

simpatia ed amore

Bist du alleine hier?
bist du allaine hiir
sei tu solo qui
Sei solo/-a qui?

Ich möchte alleine sein.
ich möchte allaine sain
io vorrei solo essere
Vorrei stare da solo/-a.

Es war schön, dich/Sie kennen zu lernen!
ès war sc^{i}öön dich/sii kènnen zu lèrnen
lo era bello, ti[4]/Lei[4] conoscere a apprendere
È stato un piacere conoscerti/-La!

Ich würde dich/Sie gerne wiedersehen.
ich würde dich/sii gèrne wiiderséen
io sarei ti[4]/Loro[4] volentieri rivedere
Vorrei rivederti/-La.

Ich mag dich.
ich maak dich
io vorrei te[4]
Ti voglio bene.

Du bist sympathisch.
du bist simpaatisc^{i}
tu sei simpatico
Sei simpatico/-a.

Du bist nett.
du bist nèt
tu sei simpatico
Sei carino/-a.

Ich liebe dich (auch).
ich liibe dich (au~~ch~~)
io amo ti[4] (anche)
Ti amo (anch'io).

Ich habe mich in dich verliebt.
ich Haabe mich in dich fèr'liipt
io ho mi[4] in ti[4] innamorato.
Mi sono innamorato/-a di te.

Ich bin verrückt nach dir.
ich bin fèr'rükt na~~ch~~ dir
io sono pazzo dopo te[3]
Sono pazzo/-a di te.

Ich möchte mit dir schlafen.
ich möchte mit dir sc^{i}laafen
io vorrei con te[3] dormire
Desidero far all'amore con te.

Ich habe meine Tage.
ich Haabe maine taaghe
io ho miei[4] giorni[4]
Ho le mestruazioni.

Nimmst du die Pille?
nimst du dii pille
prendi tu la[4] pillola[4]
Prendi la pillola ?

Lass mich in Ruhe!
las mich in ruue
lascia mi[4] in pace[4]
Lasciami in pace!

Ich will nicht.
ich vil nicht
io voglio non
Non voglio.

flirten	*flörten*	flirtare
verliebt sein	*fèr'liipt sain*	essere innamorato/-a
streicheln	*sc^{i}trai'chèln*	accarezzare
schmusen	*sc^{i}muu'sen*	amoreggiare
Kuss (**Küsse**, m)	*kus (küsse)*	bacio
küssen	*küssen*	baciare
mit jemandem/ zusammen schlafen*	*mit yemandem/ zu'sammen sc^{i}laafen*	dormire con qualcuno
eifersüchtig sein* (s)	*aifèr'süchtich sain*	essere geloso
untreu sein* (s)	*un'troi sain*	essere infedele
Verhütung (sg f)	*fèrHüütung*	prevenzione
schwanger sein* (s)	*sc^{i}vanghèr sain*	essere incinta
Aids	*èiz*	aids
Schwule (**-n**, m)	*sc^{i}vuule*	omosessuale
Lesbe (**-n**, f)	*lès'be*	lesbica
schwul – lesbisch	*sc^{i}vuul – lèsbisc^{i}*	omosessuale – lesbica
vergewaltigen (+4)	*fèr'ghe'valtighen*	violentare
Kondom (**-e**, n)	*kòn'dóom*	preservativo
die Pille (sg f)	*dii pille*	pillola antifecondativa

Per strada ...

Orientarsi in una città straniera non è sempre facile. Le frasi seguenti aiutano.

... in città

Wo ist ...?
vóo ist ...
dove è ...
Dov'è ...?

Kann man zu Fuß gehen?
kan man zu fuus ghéen
può si a piede andare
Si può andare a piedi?

zu si usa per persone, edifici, istituzioni, nach *per luogo o indicazioni di luoghi.*

Wie weit ist es bis zu/nach ...? (+3)
vii vait ist ès bis zu/naa~~eh~~ ...
come lontano è lo fino a/a ...
Quanto dista da qui fino a ...?

Wie komme ich zu/nach ...? (+3)
vii kòmme ich zu/naa~~eh~~ ...
come vengo io a/a ...
Come riesco ad arrivare a ...?

Es ist ganz nah.
ès ist ganz naa
lo è assai vicino
È assai vicino.

Das ist (nicht) sehr weit.
das ist (nicht) sèr vait
questo è (non) molto lontano
(Non) è molto lontano.

Nehmen Sie den Bus / ein Taxi!
néemen sii dén bus / ain taxi
prendono Loro il[4] bus[4] / un[4] taxi[4]
Prenda (prendano) il bus / un taxi!

Ist das die ...-Straße?
ist das dii ...-sc^{i}traasse
è questo la ...-strada
È questa la via ...?

Wann ist ... geöffnet?
van ist ... ghe'öffnet
quando è ... aperto
Quando è aperto ...?

Wie viel kostet eine Eintrittskarte?
vi fiil kòstet aine aintrizkarte
come molto costa un biglietto
Quanto costa un biglietto?

Invece di eine Eintrittskarte *si può dire anche ...*

... die Führung (f)	la guida
... ein Führer (m)	una guida
... ein Katalog (m)	un catalogo
... eine Rundfahrt (f)	un giro

Ich möchte mir gerne ... ansehen. (+4)
ich möchte mir ghèrne ... anséen
io vorrei mi[3] volentieri ... vedere
Vorrei vedere ...

Ausgang (**-gänge**, m)	*aus'gang (-ghènghe)*	uscita
Eingang (**-gänge**, m)	*ain'gang (-ghènghe)*	ingresso
Brücke (**-n**, f)	*brükke*	ponte
Denkmal (**-mäler**, n)	*dènk'maal*	monumento
Fußgängerzone (**-n**, f)	*fuus'ghènghèr'zóone*	zona pedonale
Kirche (**-n**, f)	*kirche*	chiesa
Marktplatz (**-plätze**, m)	*markt'plaz (-plèze)*	piazza del mercato
Museum (**Museen**, n)	*muséeum (museen)*	museo
Park (**-s**, m)	*paark*	parco
Rathaus (**-häuser**, n)	*raat'Haus (-hoisèr)*	municipio
Schloss (**Schlösser**, n)	*sc^{i}lòs (sc^{i}lössèr)*	castello, palazzo
Stadion (**Stadien**, n)	*sc^{i}taadion (-dien)*	stadio
Universität (**-en**, f)	*univèr'sitèet*	università
Zoo (**-s**, m)	*zóo*	giardino zoologico

indicazioni della direzione

(nach) rechts	*(naa~~ch~~) rèchz*	a destra
(nach) links	*(naa~~ch~~) linx*	a sinistra
geradeaus	*gherade'aus*	diritto
zurück	*zurük*	indietro
gegenüber (von)	*gheghen'üübèr (fòn)*	di fronte a
neben	*néeben*	accanto a
vor	*fòr*	davanti a
weit- nah	*vait-naa*	lontano-vicino
hier, da, dort	*Hir, daa, dòort*	qui, qua, là, lì
Kreuzung (f)	*kroizung*	incrocio
Ampel (**-n**, f)	*ampel*	semaforo
an der Ecke	*an dèr èkke*	all'angolo
außerhalb der Stadt	*aussèrHalp dèr sc'tat*	fuori città
im Zentrum	*im zèntrum*	in centro
folgen Sie ...!	*fòlghen sii*	segua(no) ...!
biegen Sie ab!	*biighen sii ... ap*	svolti(no) ...!

Zeigen Sie mir das bitte auf dem Stadtplan.
zaighen sii mir das bitte auf dém sc'tatplaan
indicano Loro mi^{3} questo^{4} prego su la^{3} pianta-della-città^{3}
Mi indichi questo sulla pianta della città.

... con il taxi

I taxi in Germania sono di colore bianco avorio e hanno un'insegna „Taxi" sul tetto. Si può provare a chiamare un taxi sulla strada con un cenno. Ma per lo più si telefona alla centrale telefonica dei tassì

(Telefonzentrale, f) o si prende il taxi ad un posteggio di tassì (Taxistandplatz, m), per esempio alla stazione.

Per un percorso più lungo (p. es. in un'altra città o all'aeroporto) è consigliabile pattuire un prezzo fisso.

Bringen Sie mich bitte zum Hotel ...
bringhen sii mich bitte zum Hótèl ...
porti Loro mi[4] prego a-il[3] hotel[3] ...
Mi porti all'Hotel ..., per favore.

Ich möchte in die Domstraße Nummer 1.
ich möchte in dii dóom'sc[i]traasse nummèr ains
io vorrei in la[4] Dom-strada[4] numero uno
Desidero andare in via del Duomo, num. 1.

Ich habe es (sehr) eilig.
ich Haabe ès (sèer) ailich
io ho lo (molto) frettoloso
Sono in fretta. / Ho fretta.

Wie viel wird das ungefähr kosten?
vi fiil virt das un'ghefèer kòsten
come molto diventa questo circa costare
Quanto verrà circa?

In genere si arrotonda il prezzo della corsa per la mancia (Trinkgeld, n).

Ich brauche eine Quittung.
ich brauche aine kvittung
io ho-bisogno una[4] ricevuta[4]
Ho bisogno di una ricevuta.

Bitte halten Sie hier an.
bitte Halten sii Hir an
prego fermi+ Loro qui PRE
Fermi qui, per favore.

Per strada ...

... con il bus

Bus (**-se**, m)	*bus*	autobus
U-Bahn (**-en**, f)	*uubaan*	metropolitana
S-Bahn (**-en**, f)	*èsbaan*	ferrovia urbana
Straßenbahn (**-en**, f)	*sc'traassenbaan*	tram, tranvia
Haltestelle (**-n**, f)	*Halte'sc'tèlle*	fermata
Busbahnhof (**-höfe**, m)	*busbaanHóof*	stazione per il bus
U-Bahnhof (**-höfe**, m)	*uubaanHóof*	staz. per il metro
S-Bahnhof (**-höfe**, m)	*èsbaanHóof*	staz. per la ferrovia urb.
Fahrplan (**-pläne**, m)	*faar'plaan*	orario
Fahrkarte (**-n**, f)	*faarkarte*	biglietto
Fahrkarten-automat (**-en**, m)	*faarkarten'automaat*	distributore automatico di biglietti
einsteigen* (s)	*ain'sc'taighen*	salire
aussteigen* (s)	*aus'sc'taighen*	scendere
umsteigen* (s)	*um'sc'taighen*	prendere la coincidenza

Ich möchte zum Bahnhof fahren.
ich möchte zum baanHóof faaren
io vorrei a-la[3] stazione[3] andare
Vorrei andare alla stazione.

Welche Linie fährt ins Zentrum?
vèlche liinye fèert ins zèntrum
che linea va in-il[4] centro[4]
Che linea va in centro?

Eine Fahrkarte bis Haltestelle „Dom", bitte.
aine faarkarte bis Halte'sc'tèlle „dóom", bitte
un[4] biglietto[4] fino-a fermata[3] „duomo", prego
Un biglietto fino alla fermata del „Duomo", per favore.

In città è spesso molto snervante girare con la macchina, perché per lo più mancano i parcheggi.

Bitte sagen Sie mir, wann ich aussteigen muss.
bitte saaghen sii mir, van ich aus'sc'taighen mus
prego dicono Loro mi[3], quando io scendere devo
Mi dica, per favore, quando devo scendere.

... con il treno

Grandi città si possono raggiungere molto bene per treno. Mentre le coincidenze per città o paesi più piccoli sono meno buone. Oltre a ciò molte linee cosidette non redditizie vengono abolite.

Per gruppi ci sono tariffe speciali. Vale la pena chiedere.

Bahnhof (**-höfe**, m)	*baan'Hóof (-Hööfe)*	stazione
Bahnsteig (**-e**, m)	*baan'sc'taik (-aige)*	marciapiede
Gleis (**-e**, n)	*glais*	binario
Bahn (**-en**, f)	*baan*	ferrovia
Zug (**Züge**, m)	*zuuk (züüghe)*	treno
einfache Fahrt	*ainfa~~ch~~e faart*	corsa semplice
Hin- und Rückfahrt	*Hin- unt rükfaart*	andata e ritorno
Zuschlag (**-läge**, m)	*zuu'sc'laak (-lèeghe)*	supplemento
erste/zweite Klasse	*èrste/zvaite klasse*	prima/seconda classe
Abfahrt - Ankunft	*ap'faart - an'kunft*	partenza - arrivo
abfahren* (s)	*ap'faaren*	partire
ankommen* (s)	*an'kòmmen*	arrivare
täglich außer ...	*tèeklich aussèr*	quotidiano eccetto ...
Fahrkartenschalter (m)	*faarkarten'sc'altèr*	sportello dei biglietti
Gepäck (sg n)	*ghepèk*	bagaglio

Per strada ...

Per comprare un biglietto allo sportello si deve mettere in preventivo un po' di tempo d'attesa. Al distributore automatico di biglietti l'operazione è più veloce.

Wie viel kostet die Fahrt nach ...?
vi fiil kòstet dii faart naa~~ch~~ ...
come molto costa la corsa a ...
Quanto costa il viaggio per ...?

Wann fährt ein Zug nach ...?
van fèert ain zuuk naa~~ch~~ ...
quando va un treno a ...
Quando parte un treno per ...?

Eine einfache Fahrkarte nach ...
aine ainfa~~ch~~e faarkarte naa~~ch~~ ...
un[4] semplice[4] biglietto[4] a ...
Un biglietto di sola andata per ...

Braucht man für diesen Zug einen Zuschlag?
brau~~ch~~t man für diisen zuuk ainen zuu'sc'laak
ha-bisogna si per questo[4] treno[4] un[4] supplemento[4]
È necessario un supplemento per questo treno?

Von welchem Gleis fährt der Zug ab?
fòn vèlchem glais fèert dèr zuuk ap
da quale[3] binario[3] parte+ il treno PRE
Da quale binario parte il treno?

Ist das der Zug nach...
ist das dèr zuuk naa~~ch~~
è questo il treno a ...
È questo il treno per...?

Muss ich umsteigen?
mus ich um'sc'taighen
devo io cambiare
Devo cambiare treno?

Wann kommt der Zug in ... an?
van kòmt dèr zuuk in ... an
quando arriva+ il treno a ... PRE
Quando arriva il treno a ...?

Hat der Zug Verspätung?
Hat dèr zuuk fèr'sc'pèetung
ha il treno ritardo[4]
Il treno è in ritardo?

Ist hier noch ein Platz frei?
ist Hir nò~~ch~~ ain plaz frai
è qui ancora un posto libero
C'è ancora un posto libero qui?

Diese Plätze sind besetzt.
diise plèze sint besèzt
questi posti sono occupato
Questi posti sono occupati.

... con l'aeroplano

Flughafen (-häfen, m) *fluuk'Hafen (-Hèefen)*	aereoporto
Flugzeug (-e, n) *fluuk'zoik (-zoighe)*	aereoplano
Übergewicht (sg n) *üübèr'ghevicht*	sovrappeso

Ich möchte für Samstag einen Flug nach ... buchen.
ich möchte für sams'taak ainen fluuk naa~~ch~~ ... buu~~ch~~en
io vorrei per sabato un[4] *volo*[4] *a ... prenotare*
Vorrei prenotare un volo per ... per sabato.

Wie komme ich zum Flughafen?
vii kòmme ich zum fluuk'Hafen
come vengo io a-il[3] aeroporto[3]
Come faccio ad arrivare all'aeroporto?

Wann geht die Maschine nach ...?
van ghéet dii masciine naach ...
quando va il apparecchio a ...
Quando parte l'aereo per ...?

... con la macchina

Auto (**-s**, n)	*autó*	macchina
Führerschein (**-e**, m)	*füürèr'sc'ain*	patente
Fahrzeugschein (**-e**, m)	*faar'zoik'sc'ain*	libretto di circolazione
Hauptstraße (**-en**, f)	*Haupt'sc'traasse*	strada/via principale
Landstraße (**-en**, f)	*lant'sc'traasse*	strada maestra/statale
Einbahnstraße (**-en**, f)	*ainbaan'sc'traasse*	strada a senso unico
Schnellstraße (**-en**, f)	*sc'nèll'sc'traasse*	superstrada
Autobahn (**-en**, f)	*autóbaan*	autostrada
Geschwindigkeit (**-en**, f)	*ghe'sc'vindich'kait*	velocità
Vorfahrt (sg f)	*fòrfaart*	precedenza
Parkplatz (**-plätze**, m)	*park'plaz (-plèze)*	parcheggio
Parkhaus (**-häuser**, n)	*park'Haus (-Hoisèr)*	autosilo
parken	*parken*	parcheggiare
abbiegen* (s)	*ap'biighen*	svoltare
weiterfahren* (s)	*vaitèr'faaren*	proseguire, continuare
zurückfahren* (s)	*zurük'faaren*	ritornare

Wie komme ich zur Berliner Straße?
vii kòmme ich zur bèrliinèr sc'traasse
come vengo io a-la[3] Berlino[3] strada[3]
Come faccio ad arrivare nella „Berl. Straße"?

Fahren Sie immer geradeaus.
faaren sii immèr gherade'aus
guidano Loro sempre diritto
Vada sempre diritto.

An der dritten Ampel biegen Sie nach rechts ab.
an dèr dritten ampel biighen sii naach rèchz ap
a il[3] terzo[3] semaforo[3] svoltano+ Loro a destra PRE
Al terzo semaforo svolti a destra.

Ich möchte ein Auto mieten.
ich möchte ain autó miiten
io vorrei una[4] macchina[4] noleggiare
Vorrei noleggiare una macchina.

Wie viel kostet es pro Tag?
vi fiil kòstet ès pró taak
come molto costa lo per giorno
Quanto costa al giorno?

Wie viel kostet es am Wochenende?
vi fiil kòstet ès am vòchen'ènde
come molto costa lo a-il[3] fine-settimana[3]
Quanto costa per il fine-settimana?

segnali stradali e d'indicazione

Achtung!	*achtung*	Attenzione!
Umleitung (**-en**, f)	*umlaitung*	deviazione
Baustelle (**-n**, f)	*bau'sc'tèlle*	lavori in corso
geöffnet	*ghe'öffnet*	aperto
geschlossen	*ghe'sc'lòssen*	chiuso

fare benzina

Tankstelle (-n, f)	*tank'sc'tèlle*	distributore di benzina
tanken	*tanken*	fare benzina
Selbstbedienung (sg f)	*sèlbstbediinung*	self-service
destilliertes Wasser (n)	*dèstilirtes vassèr*	acqua distillata
Luftdruck (sg m)	*luftdruk*	pressione dell'aria
Kanister (m)	*kanistèr*	bidone
Benzin (sg n)	*bènziin*	benzina
Normal(benzin) (sg n)	*nòrmaal(bènziin)*	normale
Super (sg n)	*suupèr*	super
Diesel (sg m)	*diisel*	diesel
bleifrei	*blaifrai*	senza piombo
Öl (sg n)	*ööl*	olio
Ölwechsel (m)	*öölvèxel*	cambio dell'olio

Quasi tutti distributori benzina hanno il self-service. Questa frase si userà quindi non molto spesso.

Volltanken, bitte.
fòl'tanken, bitte
fare-il-pieno, prego
Il pieno, per favore.

incidente e guasto

Se si cerca dopo un'incidente sull'autostrada la prossima area d'emergenza (Notrufsäule, f) si possono seguire le frecce sui piloni marginali. Basta alzare la ribalta e si ha il contatto automaticamente con la centrale della chiamata d'emergenza (Notrufzentrale, f). Nella ribalta si può leggere il chilometro della propria posizione sull'autostrada. Da un telefono si può chiamare anche l'ADAC

(= Allgemeiner Deutscher Automobil-Club = Automobil Club tedesco) che può riparare guasti non molto gravi oppure rimorchiare la macchina.

Ich befinde mich auf der A2 ...
ich befinde mich auf dèr aa-zvai ...
io trovo mi su la[3] „A2" ...
Mi trovo sull'autostrada 2 ...

... am Kilometer ...
... am kilóméetèr ...
... a-il[3] chilometro[3]
... al chilometro

... in Richtung Hannover.
in richtung Hanóofèr
... in direzione Hannover
... in direzione di Hannover.

Ich habe einen Motorschaden/Unfall.
ich Haabe ainen móotòr'sc'aden/unfall
io ho un[4] motore-guasto[4]/incidente[4]
Ho un guasto al motore/incidente.

Es gibt Verletzte.
ès ghipt fèrlèzte
lo da feriti[4]
Ci sono feriti.

Es gibt keine Verletzten.
ès ghipt kaine fèrlèzten
lo da (nessuni[4]) feriti[4]
Non ci sono feriti.

Rufen Sie die Polizei / den Krankenwagen.
ruufen sii dii polizai / dén krankenvaaghen
chiamano Loro la[4] polizia[4] / la[4] autoambulanza[4]
Chiami la polizia / l'ambulanza.

Können Sie mich abschleppen?
können sii mich ap'sc'lèppen
possono Loro mi[4] rimorchiare
Potrebbe rimorchiarmi?

Sull'autostrada si può rimorchiare una macchina soltanto fino alla prima uscita!

Per strada ...

Ich brauche Ihren Namen und Ihre Anschrift ...
ich brau~~ch~~e iiren naamen unt iire an'sc'rift ...
io ho-bisogno Loro[4] nome[4] e Loro[4] adressa[4] ...
Ho bisogno del Suo nome e indirizzo ...

... für die Versicherung.
... für dii fèr'sicherung
... per la[4] assicurazione[4]
... per l'assicurazione.

parti di ricambio

Stoßdämpfer (m)	*sc'tóosdèmpfèr*	ammortizzatore
Achse (**-n**, f)	*axe*	asse
Batterie (**-n**, f)	*batterii*	batteria
Getriebe (n), **Gangschaltung** (**-en**, f)	*ghe'triibe, gang'sc'altung*	cambio (di velocità)
Zündkerze (**-n**, f)	*züntkèrze*	candela d'accensione
Vergaser (m)	*fèrgaasèr*	carburatore
Schneekette (**-n**, f)	*sc'néekètte*	catene (da neve)
Kabel (n)	*kaabel*	cavo
Abschleppseil (**-e**, n)	*ap'sc'lèp'sail*	cavo da rimorchio
Felge (**-n**, f)	*fèl'ghe*	cerchione
Keilriemen (m)	*kailriimen*	cinghia (trapezoidale)
Wagenheber (m)	*vaaghen'Héebèr*	cricco, martinetto
Anlasser (m)	*anlassèr*	dispositivo d'avviamento
Scheinwerfer (m)	*sc'ainvèrfèr*	faro
Bremse (**-n**, f)	*brèmse*	freno
Kupplung (**-en**, f)	*kuplung*	frizione
Sicherung (**-en**, f)	*sicherung*	fusibile
Dichtung (**-en**, f)	*dichtung*	guarnizione
Blinker (m)	*blinkèr*	lampeggiatore

Motor (**-en**, m)	*móotòr (mótóoren)*	motore
Bremsflüssigkeit (**-en**, f)	*brèmsflüssichkait*	olio per freni
Kotflügel (m)	*kóotflüüghel*	parafango
Ersatzteil (**-e**, n)	*èrsaztail*	parte di ricambio
Reifen (m)	*raifen*	gomme
Winterreifen (m)	*vintèr'raifen*	gomme da neve
Kühler (m)	*küülèr*	radiatore
Rückwärtsgang (**-gänge**, m)	*rük'vèrz'gang*	retromarcia
Reparatur (**-en**, f)	*reparatuur*	riparazione
Rad (**Räder**, n)	*raat (rèedèr)*	ruota
Warndreieck (**-e**, n)	*varndrai'èk*	triangolo di segnalazione
Auspuff (sg m)	*auspuf*	tubo di scappamento
Schlauch (**Schläuche**, m)	*sc'lau~~eh~~ (sc'loiche)*	tubolare
Ventil (**-e**, n)	*ventiil*	valvola
Lenkrad (**-räder**, n)	*lènk'rat (-rèedèr)*	volante (di guida)

Der/die/das ... ist kaputt.
dèr/dii/das ... ist kaput
il/la/il(n) ... è rotto
Il/la ... è rotto/-a.

Der/die/das ... funktioniert nicht.
dèr/dii/das ... funk'zioniirt nicht
il/la/il(n) ... funziona non
Il/la ... non funziona.

Können Sie das reparieren?
können sii das répariiren
possono Loro lo[4] riparare
Può ripararlo?

Alloggio

Le prese di corrente in Germania hanno la stessa distanza dei fori come in Italia, il numero di volt è 220 con 50-60 hertz. Si possono quindi usare senza problemi gli apparecchi elettrici fabbricati per l'Italia.

nell'hotel

Haben Sie ...?
Haaben sii ...
hanno Loro ...
Ha ...?

Ich möchte ...
ich möchte ...
io vorrei ...
Vorrei ...

Wir möchten ...
vir möchten ...
noi vorremmo ...
Vorremmo ...

Wie viel kostet ...?
vi fiil kòstet ...
come molto costa ...
Quanto costa ...?

ein Einzelzimmer	*ain ainzel'zimmèr*	una camera singola
ein Zweibettzimmer	*ain zvaibèt'zimmèr*	una camera a due letti
mit WC/Toilette	*mit vézée/to'ilètte*	con gabinetto
mit Dusche	*mit duusce*	con doccia
mit Fernseher	*mit fèrn'sée'èr*	con televisore
mit Frühstück	*mit früü'sc'tük*	con colazione
mit Halbpension	*mit Halp'pang'sión*	a mezza pensione
mit Vollpension	*mit vòl'pangsión*	con pensione completa
für eine Nacht	*für aine nacht*	per una notte
für zwei Nächte	*für zvai nächte*	per due notti
für eine Woche	*für aine vòche*	per una settimana

Ist das Frühstück inbegriffen?
ist das früü'sc'tük inbegriffen
è la colazione compresa
La colazione è compresa?

Wann gibt es Frühstück?
van ghipt ès früü'sc'tük
quando da lo colazione[4]
A che ora c'è la colazione?

Kann ich das Zimmer sehen?
kan ich das zimmèr séen
posso io la[4] *camera*[4] *vedere*
Potrei vedere la camera?

Es fehlt/fehlen ...	**... funktioniert nicht.**
ès féelt/féelen ...	*... funk'zioniirt nicht*
lo manca/mancano ...	*... funziona non*
Manca/mancano ...	... non funziona.

Warmwasser (sg n)	*varmvassèr*	acqua calda
Kaltwasser (sg n)	*kaltvassèr*	acqua fredda
Aufzug (m)	*aufzuuk*	ascensore
Handtuch (**-tücher**, n)	*Hantuuch (-tüüchèr)*	asciugamano
Bettwäsche (sg f)	*bèt'vèsce*	biancheria da letto
Schlüssel (m)	*sc'lüssel*	chiave
Decke (**-n**, f)	*dèkke*	coperta
Kissen (n)	*kissen*	cuscino, guanciale
Fenster (n)	*fènstèr*	finestra
Bett (**-en**, n)	*bèt*	letto
Licht (sg n)	*licht*	luce
Steckdose (**-n**, f)	*sc'tèk'dóse*	presa di corrente
Toilette (**-n**, f)	*to'ilètte*	toilette

Ich reise morgen ab.
ich raise mòrghen ap
io parto+ domani PRE
Parto domani.

Bitte wecken Sie mich um sieben Uhr.
bitte vèkken sii mich um siiben uur
prego svegliano Loro mi⁴ a sette ora
Le dispiace svegliarmi alle sette?

campeggio

In genere il camping fuori dalle aree previste non è permesso.

Stellplatz (-plätze, m)	*sc'tèl'plaz (-plèze)*	posto
Trinkwasser (sg n)	*trinkvassèr*	acqua potabile
Öse (-n, f)	*ööse*	asola
Kinder unter ... Jahren	*kindèr untèr... yaaren*	bambini sotto i ... anni
Campingplatz (-plätze, m)	*kèmpingplaz (-plèze)*	campeggio
Wohnwagen (m)	*vóonvaaghen*	caravan/roulotte
Strom (sg m)	*sc'tróom*	corrente (elettrica)
Sanitärgebäude (n)	*sanitèer'gheboide*	edificio dei servici igienici
Spirituskocher (m)	*sc'piritus'kòchèr*	fornello a spirito
Gaskocher (m)	*gaas'kòchèr*	fornello a gas
Luftmatratze (-n, f)	*luft'matraze*	materasso gonfiabile
Hering (-e, m)	*Héering*	picchetto
Mittagsruhe (sg f)	*mittaax'ruue*	riposo pomeridiano
Schlafsack (-säcke, m)	*sc'laaf'sak*	sacco a pelo
Zelt (-e, n)	*zèlt*	tenda
Thermosflasche (-n, f)	*tèrmòs'flasce*	termos
Rucksack (-säcke, m)	*ruk'sak*	zaino

Wie viel kostet ...
vii fiil kòstet ...
come molto costa ...
Quanto costa ...

... ein Stellplatz für ein Wohnmobil?
... ain sc'tèl'plaz für ain vóonmobiil
... un stare-posto per un[4] autocaravan[4]
... un posto per un autocaravan?

... eine Nacht pro Person mit einem Zelt?
... aine naeht pró pèrsóon mit ainem zèlt
... costa una notte per persona con una[4] tenda[4]
... per notte per una persona con una tenda?

Foto: pure-life-pictures@fotolia.com

Vacanza di campeggio (Camping-Urlaub) vicino alla Loreley

Mangiare e bere

Mangiare in un ristorante è sempre più caro che cucinare a casa. Però ci sono anche possibilità di non spendere troppo. Nei ristoranti italiani, per esempio, si può mangiare abbastanza a buon mercato. Anche tante osterie offrono piatti piccoli e non troppo cari. I ristoranti cinesi e asiatici sono un'alternativa a chi piace.

In Germania si gusta il cibo. Ogni regione ha le proprie specialità. Abbiate coraggio di provare qualcosa di non conosciuto e lascetevi sorprendere!

Essen (sg n)	*èssen*	cibo
Getränk (**-e**, n)	*ghetränk*	bevanda, bibita
Frühstück (sg n)	*früü'sc'tük*	colazione
frühstücken	*früü'sc'tükken*	fare colazione
Mittagessen (sg n)	*mittaak'èssen*	pranzo
Mittag essen*	*mittaak èssen*	pranzare
Zwischenmahlzeit (**-en**, f)	*zviscenmaalzait*	spuntino, merenda
Abendbrot (sg n)	*aabentbrót*	cena
Abendessen (sg n)	*aabent'èssen*	cenare
Abendbrot essen*	*aabentbrót èssen*	cenare
Restaurant (**-s**, n)	*rèstaurang*	ristorante
Gasthof (**-höfe**, m), **Gaststätte** (**-n**, f)	*gastHóof (-Hööfe), gast'sc'tètte*	locanda

Café (**-s**, n)	*kafée*	caffè (bar)
Weinstube (**-n**, f)	*vain'sc'tuube*	taverna, osteria
Weinkeller (m)	*vainkèllèr*	enoteca
Biergarten (**-gärten**, m)	*birgarten (-gèrten)*	locale con giardino
Kneipe (**-n**, f), **Bar** (**-s**, f)	*knaipe, baar*	taverna, bettola
Imbiss (**-e**, m)	*imbis*	spuntino, tavola calda
Kiosk (**-e**, m)	*kiiòsk*	chiosco
Würstchenbude (**-n**, f)	*vürstchenbuude*	bancarella per salsiccette
Pommesbude (**-n**, f)	*pòmmesbuude*	bancar. per patatine fritte

nel ristorante

Suppe (**-n**, f)	*suppe*	zuppa
Vorspeise (**-n**, f)	*fòr'sc'paise*	antipasto
Hauptgang (**-gänge**, m), **Hauptgericht** (**-e**, n)	*Hauptgang, Hauptgherícht*	piatto forte
Beilagen (pl)	*bailaghen*	contorni
Nachspeise (**-n**, f), **Dessert** (**-s**, n)	*naach'sc'paise, dèssèer*	dessert, dolce

L'apostrofe con Kellner und Ober (cameriere) non è più molto usata. Più usata è invece l'apostrofe con Fräulein (signorina) in un caffé, ma soltanto se la cameriera è una persona giovane.

Per chiamare con un cenno il cameriere (in un ristorante) per lo più si alza soltanto un po' la mano.

Haben Sie schon gewählt?
Haaben sii sc'óon ghevèelt
hanno Loro già scelto
Ha già scelto?

Kann ich bitte die Speisekarte haben?
kan ich bitte dii sc'paise'karte Haaben
posso io prego la[4] lista[4] avere
Potrei avere la lista, per favore?

Was möchten Sie trinken?
vas möchten sii trinken
che-cosa vorrebbero Loro bere
Che cosa vorrebbe da bere?

Was darf ich Ihnen bringen?
vas darf ich iinen bringhen
che-cosa posso io Loro[3] portare
Che cosa Le posso portare?

Ich hätte gerne ... (+4)
ich Hètte ghèrne ...
io avrei volentieri ...
Vorrei ...

Können Sie uns etwas empfehlen?
können sii uns ètvas èmpféelen
possono Loro noi[3] qualcosa raccomandare
Può consigliarci qualcosa?

Guten Appetit!
guuten appetiit
Buon appetito!

Prost! / Zum Wohl!
próost / zum vóol
Alla salute!

Das habe ich nicht bestellt.
das Haabe ich nicht be'sc'tèlt
questo[4] ho io non ordinato
Non ho ordinato questo.

Das Essen ist kalt.
das èssen ist kalt
il cibo è freddo
Il cibo è freddo.

Es fehlt ein(e) ... (+4)
ès féelt ain(e) ...
manca un(a) ...
Manca un/una ...

Bringen Sie noch ein/eine ... (+4)
bringhen sii nòch ain/aine ...
portare Lei ancora un/una ...
Porti un/una ...

Glas (**Gläser**, n)	*glaas (glèesèr)*	bicchiere
Bierglas (**-gläser**, n)	*bịrglaas (-glèesèr)*	bicchiere per la birra
Weinglas (**-gläser**, n)	*vainglaas (-glèesèr)*	bicchiere per il vino
Flasche (**n**, f)	*flasce*	bottiglia
Krug (**Krüge**, m)	*kruuk (krüüghe)*	brocca, boccale
Karaffe (**-n**, f)	*karaffe*	caraffa
Messer (n)	*mèssèr*	coltello
Becher (m)	*bèchèr*	coppa
Löffel (m)	*löffel*	cucchiaio
Gabel (**-n**, f)	*gaabel*	forchetta
Teller (m)	*tèllèr*	piatto
Tasse (**-n**, f)	*tasse*	piattino
Serviette (**-n**, f)	*sèrvirte*	tovagliolo

Die Rechnung, bitte.
dii rèchnung, bitte
il[4] conto[4], prego
Il conto, per favore.

Hat es Ihnen geschmeckt?
Hat ès iinen ghe'scimèkt
ha lo Loro[3] piaciuto
Le è piaciuto?

Mangiare e bere

frutta e noci

Apfel (**Äpfel**, m)	*apfel (èpfel)*	mela
Apfelsine (**-n**, f)	*apfel'siine*	arancia
Ananas (f)	*ananas*	ananas
Aprikose (**-n**, f)	*apri'kóose*	albicocca
Banane (**-n**, f)	*banaane*	banana
Birne (**-n**, f)	*birne*	pera
Brombeere (**-n**, f)	*bròm'béere*	mora
Erdbeere (**-n**, f)	*èrtbéere*	fragola
Erdnuss (**-nüsse**, f)	*èrt'nus (-nüsse)*	nocciolina americana
Haselnuss (**-nüsse**, f)	*Haasel'nus (-nüsse)*	nocciola
Heidelbeere (**-n**, f)	*Haidel'béere*	mirtilli
Kirsche (**-n**, f)	*kir'sce*	ciliegia
Mandarine (**-n**, f)	*manda'riine*	mandarino
Himbeere (**-n**, f)	*Him'béere*	lampone
Nuss (**Nüsse**, f)	*nus (nüsse)*	noce
Pampelmuse (**-n**, f)	*pampel'muuse*	pompelmo
Pflaume (**-n**, f)	*pflaume*	prugna

condimenti e spezie

Dill (sg m)	*dil*	aneto
Essig (sg m)	*èssich*	aceto
Majoran (sg n)	*maa'yoraan*	maggiorana
Öl (**-e**, n)	*ööl*	olio
Paprika(pulver sg n)	*paprika(pulvèr)*	paprica
Petersilie (sg f)	*pétèr'siilye*	prezzemolo
Pfeffer (sg m)	*pfèffèr*	pepe
Schnittlauch (sg m)	*sc'nit'lauch*	erba
Salz (sg n)	*salz*	sale
Senf (sg m)	*sènf*	senape
Zucker (sg m)	*zukkèr*	zucchero

verdura e cereali

Artischocke (**-n**, f)	*arti'sc'òkke*	carciofo
Aubergine (**-n**, f)	*óbèr'jiine*	melanzana
Blumenkohl (sg m)	*bluumen'kóol*	cavolfiore
grüne Bohne (**-n**, f)	*grüüne bóone*	fagiolino
weiße Bohne(**-n**, f)	*vaisse bóone*	fagiolo bianco
Broccoli (sg m)	*bròkkoli*	broccoli
Erbse (**-n**, f)	*èrpse*	pisello
Fenchel (sg m)	*fènchel*	finocchio
grüne Gurke (**-n**, f)	*grüüne gurke*	cetriolo
saure Gurke (**-n**, f)	*saure gurke*	cetriolini sott'aceto
Knoblauch (sg m)	*knóoblauch*	aglio
Karotte (**-n**, f)	*ka'ròtte*	carota
Kartoffel (**-n**, f)	*kar'tòffel*	patata
Kohlrabi (sg m)	*kól'raabi*	cavolo rapa
Linse (**-n**, f)	*linse*	lenticchia
Mais (sg m)	*mais*	mais
Möhre (**-n**, f)	*mööre*	carota
Mohrrübe (**-n**, f)	*mòor'rüübe*	carota
Nudel (**-n** f)	*nuudeln*	pasta
Pilz (**-e**, m)	*pilz*	fungo
Reis (sg m)	*rais*	riso
Rosenkohl (sg m)	*róosen'kóol*	cavolo di Bruxelles
grüner Salat (**-e**, m)	*grüünèr salaat*	insalata verde
Spargel (sg m)	*sc'par'ghel*	asparagi
Kürbis (**-se**, m)	*kür'bis*	zucca
Paprika (m)	*pap'rika*	peperoni
Porree (sg m)	*pòrré*	porro
Spinat (sg m)	*sc'pinaat*	spinaci
Tomate (**-n**, f)	*tomaate*	pomodoro
Zucchini (**-s**, f)	*zukiini*	zucchini
Zwiebel (**-n**, f)	*zviibel*	cipolla

salumi e carne

Braten (m)	*braaten*	arrosto
Steak (**-s**, n)	*stéek*	bistecca
Fleisch (sg n)	*flaisc^{i}*	carne
Lammfleisch (sg n)	*lamm'flaisc^{i}*	carne di agnello
Schweinefleisch (sg n)	*sc^{i}vaine'flaisc^{i}*	carne di maiale
Rindfleisch (sg n)	*rint'flaisc^{i}*	carne di manzo
Kalbsfleisch (sg n)	*kalps'flaisc^{i}*	carne di vitello
Hackfleisch (sg n)	*hak'flaisc^{i}*	carne macinata
Filet (**-s**, n)	*filée*	filetto
Geflügel (sg n)	*ghe'flüüghel*	pollame
Hühnchen (n)	*Hüün'chen*	pollastrello
Huhn (**Hühner**, n)	*Huun (Hüünèr)*	pollo
Frikadelle (**-n**, f)	*frika'dèlle*	polpetta (di carne)
Schinken (sg m)	*scinken*	prosciutto
gekochter Schinken (m)	*ghe'kò~~eh~~tèr scinken*	prosciutto cotto
Salami (f)	*sa'laami*	salame
Wurst (**Würste**, f)	*vurst (vürste)*	salsicia
Bratwurst (**-würste**, f)	*braat'vurst (-vürste)*	salsiccia arrostita
Pastete (**-n**, f)	*pastéete*	sfogliata ripiena

frutti di mare

Fisch (**-e**, m)	*fisc^{i}*	pesce
Sardelle (**-n**, f)	*sar'dèlle*	acciuga, alice
Muschel (**-n**, f)	*muscel*	conchiglia
Garnele (**-n**, f)	*gar'néele*	gamberetto
Krebs (**-e**, m)	*kréeps*	gambero
Krabbe (**-n**, f)	*krabbe*	granchio
Zander (m)	*zandèr*	licioperca

Hecht (**-e**, m)	*Hècht*	luccio
Barsch (**-e**, m)	*barsc^{i}*	pesce bersico
Scholle (**-n**, f)	*sc^{i}òlle*	pianuzza,
Lachs (sg m)	*lax*	salmone
Sardine (**-n**, f)	*sar'diine*	sardina
Tunfisch (**-e**, m)	*tuun'fisc^{i}*	tonno
Forelle (**-n**, f)	*fó'rèlle*	trota
Dorsch (**-e**, m)	*dòrsc^{i}*	merluzzo
Kabeljau (sg m)	*kaabel'yau*	merluzzo comune

preparazione e gusto

sauer	*sauèr*	acido, agro
salzig	*sal'zich*	salato
süß	*süüs*	dolce
scharf	*sc^{i}arf*	forte, piccante
bitter	*bittèr*	amaro
gewürzt	*ghe'vürzt*	condito
geräuchert	*ghe'roichèrt*	affumicato
gegrillt	*ghe'grilt*	alla griglia
gebraten	*ghe'braaten*	arrosto
gebacken	*ghe'bakken*	cotto al forno
gar, gekocht	*gaar, ghe'kò~~eh~~t*	cotto
gut durch	*guut durch*	ben cotto
bissfest	*bisfèst*	al dente
am Spieß	*am sc^{i}piis*	allo spiedo
roh	*róo*	crudo
frittiert	*fritiirt*	fritto
reif	*raif*	maturo
halbgar	*Halp'gaar*	mezzocotto
verbrannt	*fèr'brant*	bruciato

pane

Naturalmente ci sono tanti tipi e qualità di pane: dal pane bianco al pane integrale ci sono numerose varietà.

In una panetteria (Bäckerei, f) si possono comprare oltre a pane e panini anche latte e burro, forse anche formaggio, salsiccia, marmellata, miele, caffè, tè, il giornale, ecc. A dunque tutto quello di cui si ha bisogno per una vera colazione. Il pane tedesco differisce molto da quello italiano. Il pane tedesco e la crosta sono molto più duri.

Brot (**-e**, n)	*bróot*	pane
Baguette(**-s**, n)	*ba'ghèt*	baguette
Weißbrot (**-e**, n)	*vais'bróot*	pane bianco
Brezel (**-n**, f)	*brée'zel*	ciambella salata
Roggenbrot (**-e**, n)	*rògghenbróot*	pane di segale
Weizenbrot (**-e**, n)	*vaizenbróot*	pane di frumento
Vollkornbrot (**-e**, n)	*fòlkòrnbróot*	pane integrale
Semmel (**-n**, f), **Brötchen** (n)	*sèmmel,* *bröötchen*	panino
belegtes Brötchen	*beléegtes bröötchen*	imbottito

dolci e pasticcini

In una pasticceria (Konditorei, f) si può comprare – dai semplici dolci alle torte farcite – tutto quello che si desidera. Spesso ad una pasticceria è annesso un caffè. Se non si vuole fare la torta da sé si possono comprare dolci e torte anche la domenica mattina.

Kuchen (m)	*kuuchen*	dolce, focaccia
Keks (**-e**, m)	*kéex*	biscotto
Obstkuchen (m)	*óopst'kuuchen*	dolce di frutta
Apfelkuchen (m)	*apfel'kuuchen*	torta di mele
Apfelstrudel (m)	*apfel'sc^{i}truudel*	strudel di mele
Torte(**-n**, f)	*tòrte*	torta

latticini e formaggio

Butter (sg f)	*buttèr*	burro
Vollmilch (sg f)	*fòl'milch*	latte intero
fettarme Milch (sg f)	*fèt'arme milch*	latte magro
Dickmilch (sg f)	*dik'milch*	latte rappreso
Buttermilch (sg f)	*buttèr'milch*	latticello, siero del burro
Margarine (sg f)	*mar'ga'riine*	margarina
saure Sahne (sg f)	*saure saane*	panna acida
süße Sahne (sg f)	*süüsse saane*	panna
Schlagsahne (sg f)	*sc^{i}laak'saane*	panna montata
Quark (sg m)	*kvaark*	quark
Jogurt (sg m)	*yóo'gurt*	yogurt

bere e bevanda

Se si ordina „acqua“ (Wasser, n) s'intende sempre „acqua minerale“ (Mineralwasser, n) e precisamente „gassata“ (mit Kohlensäure). Chi vuole bere „acqua minerale naturale“ (Mineralwasser ohne Kohlensäure) deve dirlo espressamente.

Kaffee (sg m)	*kaffé*	caffè
Tee (sg m)	*tée*	tè
... mit Milch	*... mit milch*	con latte
... mit Zucker	*... mit zukkèr*	con zucchero
... mit Zitrone	*... mit zi'tróone*	al limone
heiße Schokolade	*Haisse sc'oko'laade*	cioccolata
Wasser (sg n)	*vassèr*	acqua
Mineralwasser (sg n)	*minéraal'vassèr*	acqua minerale
... mit Kohlensäure	*mit kóolen'soire*	gassata
... ohne Kohlensäure	*óone kóolen'soire*	naturale
Saft (**Säfte**, m)	*saft (sèfte)*	succo
Limonade (**n**, f)	*limonaade*	limonata, gazzosa
Apfelschorle (**-n**, f)	*apfel'sc'òrle*	succo di mele + acqua

Ich hätte gerne ... (+4)**... ein Mineralwasser.**
ich hätte ghèrne ... *... ain mineraal'vassèr*
io avrei volentieri ... *... un[4] minerale-acqua[4]*
Vorrei ... ... un'acqua minerale.

Da ricordare: i numeri a partire da 2 non vengono declinati!

... ein/zwei Kännchen Kaffee.
... ain/zvai kännchen kaffé
... un[4]/due bricco(-chi)[4] caffè[4]
... un/due briccho/-chi di caffè.

... eine Tasse / zwei Tassen Tee.
... aine tasse / zvai tassen tée
... una[4] tazza[4] / due tazze[4] tè[4]
... una tazza / due tazze di tè.

Noch eine Cola, bitte!
nò~~eh~~ aine koola, bitte
ancora una[4] Coca-Cola[4], prego
Un'altra Coca-Cola, per favore.

alcool

La Germania è la nazione nella quale si beve più birra.

Le birrerie tedesche sono per lo più molto accoglienti. La birra dei paesi e delle città è almeno tanto buona come quella delle grandi fabbriche. E allora vale la pena di provarla.

Haben Sie (auch) einen trockenen Rotwein?
Haaben sii (aueh) ainen tròkkenen róotvain
hanno Loro (anche) un[4] secco[4] rosso-vino[4]
Ha (anche) un vino rosso secco?

Bier (-**e**, n)	*bir*	birra
Pils, Pilsener (n)	*pilz, pil'sénèr*	birra di Pilsen
Weizenbier (-**e**, n)	*vaizen'bir*	birra di frumento
Radler (n), **Alsterwasser** (n)	*raad'lèr, alstèr'vassèr*	Fanta + birra
Wein (-**e**, m)	*vain*	vino
Weißwein (-**e**, m)	*vais'vain*	vino bianco
Rosé (m)	*rósée*	rosé, rosato
Rotwein (-**e**, m)	*róot'vain*	vino rosso
trocken	*tròkken*	secco
halbtrocken	*Halp'tròkken*	mezzo secco
süß	*süüs*	dolce
Schorle (-**n**, f)	*sc'òrle*	succo o vino + acqua
Schnaps (**Schnäpse**, m)	*sc'naps (sc'nèpse)*	acquavite
Sekt (sg m)	*sèkt*	spumante
Cognac (-**s**, m)	*kòn'yak*	cognac

Fare la spesa

L'orario di apertura si è liberalizzato negli ultimi anni. Di domenica tuttavia la maggior parte dei negozi è chiusa. Quasi tutte le farmacie sono chiuse di mercoledì pomeriggio.

Wo kann man ... kaufen? (+4)
vóo kan man ... kaufen
dove può si ... comprare
Dove si può comprare ...?

Apotheke (**-n**, f) *apótéeke*	farmacia
Bäckerei (**-en**, f) *bèkke'rai*	panetteria
Blumenladen (**-läden**, m) *bluumenlaaden*	negozio di fiori
Buchhandlung (**-en**, f) *buu~~ch~~'Handlung*	libreria
Drogerie (**-n**, f) *drógherii*	drogheria
Fleischerei (**-en**, f), **Metzgerei** (**-en**, f) *flai'sce'rai, mèzghe'rai*	macelleria
Geschäft (**-e**, n) *ghe'scèft*	negozio
Gemüsehändler (m) *ghemüüse'Händlèr*	commerciante di verdura
Kaufhaus (**-häuser**, n) *kauf'Haus*	grande magazzino

Obsthändler (m) *óopst'Händlèr*	fruttivendolo
Schuster (m) *sciuustèr*	calzolaio
Supermarkt (**-märkte**, m) *suupèrmarkt*	supermercato
Schlussverkauf (**-e**, m), **Ausverkauf** (**-e**, m) *scilusfèrkauf, ausfèrkauf*	svendita

Entrando un negozio si dice Guten Tag! (Buon giorno!).

Guten Tag, was wünschen Sie?
guuten taak, vas vünscen sii
buon[4] giorno[4], che-cosa desiderano Loro
Buon giorno, che cosa desidera?

Kann ich Ihnen helfen?
kan ich iinen Hèlfen
posso io Loro[3] aiutare
Posso aiutarLa?

Ich möchte mich nur ein wenig umsehen.
ich möchte mich nur ain véenich um'séen
io vorrei mi[4] soltanto un poco intorno-guardare
Vorrei soltanto guardare un po'.

Haben Sie ...? (+4)
Haaben sii ...
hanno Loro ...
Ha ...?

Verkaufen Sie ...? (+4)
fèrkaufen sii ...
vendono Loro ...
Vende ...?

Ja, das haben wir.
yaa, das Haaben vir
sì, questo[4] abbiamo noi
Sì, l'abbiamo.

Nein, das führen wir leider nicht.
nain, das füüren vir laidèr nicht
no, questo[4] guidamo noi purtroppo non
Non, non l'abbiamo.

Fare la spesa

Ich hätte gerne ... (+4)
ich hätte ghèrne ...
io avrei volentieri ...
Vorrei ... (avere).

Ich suche ... (+4)
ich suu~~ch~~e ...
io cerco ...
Cerco ...

Haben Sie das auch in einer anderen Größe?
Haaben sii das au~~ch~~ in ainèr anderen gröösse
hanno Loro questo anche in un[3] altro[3] misura[3]
Ce l'ha anche in un'altra misura?

Geben Sie mir bitte ... (+4)
ghéeben sii mir bitte ...
danno Loro mi[3] prego ...
Mi dia ..., per favore.

Darf es sonst noch etwas sein?
darf ès sònst nò~~ch~~ ètvas sain
può lo altrimenti ancora qualcosa essere
Altro?

Nein danke, das ist alles.
nain danke, das ist alles
no grazie, questo è tutto
No grazie, è tutto.

Ich bezahle bar.
ich bezaale baar
io pago in-contanti
Pago in contanti.

Ich möchte mit Kreditkarte zahlen.
ich möchte mit kreditkarte zaalen
io vorrei con carta-di-credito[3] pagare
Vorrei pagare con la carta di credito.

Wie viel kostet das?
vii fiil kòstet das
come molto costa questo
Quanto costa?

Das kostet ... Euro.
das kòstet ... oiro
questo costa ... euro
Fa ... euro.

Das macht (zusammen) ... Euro.
das ma~~ch~~t (zusammen) ... oiro
questo fa (insieme) ... euro
(Questo) fa ... euro.

Könnte ich bitte eine Tüte haben?
könte ich bitte aine tüüte Haaben
potrei io prego un[4] sacchetto[4] avere
Potrei avere un sacchetto, per favore?

In quasi tutte le città e paesi non troppo piccoli una volta o due alla settimana c'è un mercato (Markt, m).

pesi e quantità

Liter (m)	*liitèr*	litro
Gramm (n)	*gram*	grammo
Pfund (n)	*pfunt*	mezzo chilo
Kilo (n)	*kiiló*	chilo
alles	*allès*	tutto
alle	*alle*	tutti/-e
einige, manche	*ainighe, manche*	qualche
beide	*baide*	tutt'e due

hundert Gramm Schinken
Hundèrt gram scinken
cento grammo prociutto
cento grammi di prosciutto

ein Liter Milch
ain liitèr milch
un litro latte
un litro di latte

ein paar Leute
ain paar loite
qualche persone
qualche persona

ein Paar Schuhe
ain paar sc'uue
un paio scarpe
un paio di scarpe

Attenzione, non scambiare!

Banca, posta e denaro

Il modo più semplice per prendere il denaro è quello di prelevarlo dal bancomat. Per questo si ha bisogno di una carta bancomat.

Können Sie mir sagen, ...
können sii mir saaghen, ...
possono Loro mi[3] dire, ...
Mi può dire ...

... wo der nächste Geldautomat ist?
... vóo dèr nèechste ghèlt'automaat ist
... dove il prossimo bancomat è
... dov'è il prossimo bancomat?

alla banca

Di giorno si può ritirare denaro in banca con la carta assegni normale (Euroscheck, m). Pagare con una carta di credito (Kreditkarte, f) è più comune che in Italia, ma non possibile in tutti i negozi.

Wo gibt es hier eine Bank?
vóo ghipt ès Hir aine bank
dove da lo qui una banca
Dove c'è una banca qui vicino?

Ich möchte diesen Scheck einlösen.
ich möchte diisen scèk ainlöösen
io vorrei questo[4] assegno[4] incassare
Vorrei incassare questo assegno.

Wo kann ich Geld wechseln?
vóo kan ich ghèlt vèxeln
dovo posso io denaro cambiare
Dove posso cambiare denaro?

Wie ist der Wechselkurs?
vii ist dèr vèxelkurs
come è il cambio
Com'è il cambio?

alla posta

Anche alla posta si può prelevare denaro oppure spedirlo (Postbank, f). In Germania le buche delle lettere sono gialle.

Briefkasten (**-kästen**, m)	*briifkasten (-kèsten)*	buca delle lettere
Postkarte (**-n**, f)	*pòstkarte*	cartolina
Eilzustellung (**-en**, f)	*ailzu'sc'tèllung*	espresso
Empfänger (m)	*èmpfènghèr*	destinatario
postlagernd	*pòstlaghèrnt*	fermo posta
Briefmarke (**-n**, f)	*briifmarke*	francobollo
Adresse (**-en**, f), **Anschrift** (**-en**, f)	*adrèsse,* *an'sc'rift*	indirizzo
Brief (**-e**, m)	*briif*	lettera
Absender (m)	*ap'sèndèr*	mittente
Päckchen (n)	*päkchen*	pacchettino
Paket (**-e**, n)	*pakéet*	pacchetto
per Luftpost	*pèr luftpòst*	per posta aerea
Post (sg f)	*pòst*	posta
Einschreiben (n)	*ain'sc'raiben*	raccomandata
Telegramm (**-e**, n)	*télégram*	telegramma

Foto: Kzenon@fotolia.com

Briefträger (postino)

Wie viel kostet ein Brief nach Italien?
vii fiil kòstet ain briif naach itaalyen
come molto costa una lettera in Italia
Quanto costa spedire una lettera in Italia?

Fünf Briefmarken zu fünfundfünzig Cent!
fünf briifmarken zu fünfuntfünzik zènt
cinque francobolli[4] a cinque-e-cinquanta cento
(Vorrei) Cinque francobolli da 55 centi!

Telefonare

Come in altri paesi anche in Germania le cabine telefoniche sono diventate abbastanza rare.

Se il telefono ha squillato ci si presenta per lo più con il proprio cognome. Però è anche usato presentarsi soltanto con Hallo? (Ciao?, Pronto!) oppure Ja? (Sì?).

Wo kann ich telefonieren?
vóo kan ich télefoniiren
dove posso io telefonare
Dove posso telefonare?

Rufnummer (-n, f), **Telefonnummer** (-n, f) *ruufnummèr, télefóon'nummèr*	numero di telefono
Vorwahl (-en, f) *fòrvaal*	prefisso
telefonieren *téléfóniiren*	telefonare
Telefon (-e, n) *téelefóon*	telefono
Durchwahl (-en, f) *durch'vaal*	teleselezione automatica
Auslandsgespräch *auslanz'ghe'sc'prèech*	chiamata internationale
Telefonzelle (-n, f) *télefóonzèlle*	cabina telefonica
Telefonkarte (-n, f) *télefóonkarte*	scheda telefonica
Handy (-s, n), **Mobiltelefon** (-e, n) *Hèndi, mobiiltéelefóon*	telefonino, telefono cellulare

Mit wem spreche ich?
mit vém sc'prèche ich
con chi[3] parlo io
Con chi parlo?

Hier ist Maria.
Hir ist mariia
qui è maria
Sono Maria.

Ich möchte Frau/Herrn ... sprechen.
ich möchte frau/Hèrn ... sc'prèchen
io vorrei signora[4]/signor[4] ... parlare
Vorrei parlare con la signora/il signor ...

Bitte verbinden Sie mich mit Frau/Herrn ...
bitte fèrbinden sii mich mit frau/Hèrn ...
prego mettere-in-comunicazione Loro mi[4] con signora[3]/signor[3] ...
Mi metta in comunicazione con la signora/il signor ..., per favore.

Ist Alexander zu Hause?
ist alèxander zu Hause
è Alexander a casa
C'è Alexander?

Ist Alexander da?
ist alèxander daa
è Alexander ci
C'è Alexander?

Ja, er ist da.
yaa, èr ist daa
si, lui è ci
Si, c'è.

Einen Moment.
ainen mómènt
un momento
Un momento.

Nein, sie ist nicht da.
nain, sii ist nicht daa
no, lei è non ci
No, non c'è.

Ich rufe nochmal an.
ich ruufe nò~~ch~~mal an
io telefono- ancora PRE
Telefono ancora.

Ich rufe dich/Sie (morgen) an.
ich ruufe dich/sii (mòrghen) an
io telefono+ ti[4]/Loro[4] (domani) PRE
Ti/La telefono (domani).

Kann er mich zurückrufen?
kann èr mich zurük'ruufen
può lui mi[4] richiamare
Può telefonarmi?

Unter welcher (Telefon)Nummer?
untèr vèlchèr (téleføøn)nummèr
su quale[2] (telefono-)numero[2]
Su quale numero (di telefono)?

Unter der Nummer „eins null null sieben".
untèr dèr nummèr eins nul nul siiben
su il[2] numero[2] uno zero zero sette
Sul numero „uno zero zero sette".

Fotografare

Prima di fotografare è sempre meglio chiedere.

Darf man hier fotografieren?
darf man Hir fótógrafiiren
può si qui fotografare
È permesso fotografare qui?

Fotografieren verboten!
fótógrafiiren fèrbóoten
fotografare vietato
Vietato fotografare!

Foto: Oliver Franke (Tourismus NRW e.V. / DZT)

Kölner Karneval (Carnevale di Colonia)

Batterie (**-n**, f) *batterii*	batteria
filmen *filmen*	filmare
Blitz (**-e**, m) *bliz*	flash
Format (**-e**, n) *fòrmaat*	formato
Foto (**-s**, n) *fóotó*	foto
Vergrößerung (**-en**, f) *fèr'gröösserung*	ingrandimento
Digitalkamera *dighitáalkameraa*	fotocamera digitale
SD-Speicherkarte *ès-dée-sc'paichèrkáarte*	memoria SD
USB-Stick *u-ès-bée-stìkk*	penna USB
Handyfoto *Hèndifóotó*	foto col cellulare
Selfie	selfie

Können Sie ein Foto von uns machen?
können sii ain fóotó fòn uns ma~~ch~~en
possono Loro una[4] foto[4] da noi[3] fare
Ci può riprendere?

Ich möchte einen Abzug von jedem Bild.
ich möchte ainen ap'zuuk fòn yéedem bilt
io vorrei una[4] copia[4] da ogni[3] foto[3]
Vorrei una copia di ogni foto.

in Glanz	*in glanz*	*in lucido*	lucida
in matt	*in mat*	*in opaca*	opaca

Wann kann ich den Film abholen?
van kan ich dén film ap'Hóolen
quando posso io il[4] film[4] ritirare
Quando posso ritirare il film / le foto?

Il tempo

Naturalmente si parla anche in Germania volontieri del tempo. Del tempo si può parlare quando non si sa di che cosa parlare con un interlocutore.

Hitze (sg f)	*Hize*	calore
Dunst (sg m)	*dunst*	foschia
Kälte (sg f)	*kèlte*	freddo
Hagel (sg m)	*Haaghel*	grandine
Nebel (sg m)	*néebel*	nebbia
Schnee (sg m)	*sc^{i}née*	neve
Wolke (**-n**, f)	*vòlke*	nuvola
Regen (sg m)	*réeghen*	pioggia
Niederschlag (**-schläge**, m)	*niidèr'sc^{i}laak* (*-sc^{i}lèeghe*)	precipitazione
Tau (sg m)	*tau*	rugiada
Glätte (sg f)	*glètte*	scivolosità
Sonne (**-n**, f)	*sònne*	sole
Glatteis (sg n)	*glat'ais*	strada ghiacciata
Temperatur (**-en**, f)	*tèmpératuur*	temperatura
Sturm (**Stürme**, m)	*sc^{i}turm* (*sc^{i}türme*)	tempesta
Wetter (sg n)	*vèttèr*	tempo
Wind (**-e**, m)	*vint* (*vinde*)	vento

Es regnet.
ès réegnet
lo piove
Piove.

Es schneit.
ès sc^{i}nait
lo nevica
Nevica.

Il tempo

Il tempo viene formulato sempre impersonale con Es ist ... (Fa ... / L'aria è ... / È ...) con gli aggettivi della tabella seguente:

Es ist schwül.	**Es ist kalt.**	**Es ist windig.**
ès ist sc^{i}vüül	*ès ist kalt*	*ès ist vindich*
lo è afoso	*lo è freddo*	*lo è ventoso*
L'aria è pesante.	Fa freddo.	Tira vento.

Es sind ... Grad über/unter Null.
ès sint ... graat üübèr/untèr nul
lo sono ... gradi sopra/sotto zero
Ci sono ... gradi sopra/sotto zero.

böig	*böö'ich*	a raffiche
schwül	*sc^{i}vüül*	afoso
sonnig	*sònnich*	assolato, soleggiato
schön	*sc^{i}öön*	bello, bel tempo
heiß	*Hais*	caldissimo
warm	*varm*	caldo
sommerlich (warm)	*sòmmèrlich (varm)*	caldo come d'estate
kühl, kalt	*küül, kalt*	fresco, freddo
frisch	*frisc^{i}*	fresco
eiskalt	*ais'kalt*	molto freddo
bitterkalt	*bittèr'kalt*	gelido
drückend	*drükkent*	opprimente, soffocante
dunstig	*duns'tich*	pieno di vapori
regnerisch	*réegnerisc^{i}*	piovoso
wolkenlos	*vòlkenlóos*	senza nubi
stürmisch	*sc^{i}türmisc^{i}*	tempestoso
lau, mild	*lau, milt*	tiepido, mite
feucht	*foicht*	umido
windig	*vindich*	ventoso

Morgen soll es wieder besser werden.
mòrghen sòl ès viidèr bèssèr vèrden
domani deve lo ancora meglio diventare
Domani migliorerà.

Morgen soll es schönes Wetter geben.
mòrghen sòl ès sc'öönes vèttèr ghéeben
domani deve lo bel[4] tempo[4] dare
Domani farà bel tempo.

In gergo vengono utilizzate le seguenti frasi:

Was für ein Sauwetter!
vas für ain sauvètter
che per un tempaccio
Che tempo da cani!, Che tempaccio cane!

Es regnet aus Gießkannen.
ès réegnet ghiis'kannen
lo piove annaffiatoi[4]
Piove a dirotto.

Polizia

La chiamata d'emergenza è ovunque in Germania il 110. Se si ha bisogno dell'autoambulanza o dei vigili del fuoco, si compone il numero 112.

Nelle cabine telefoniche si possono comporre questi due numeri anche senza denaro o senza carta magnetica. In qualche cabina telefonica si trova accanto al telefono una leva per il caso d'emergenza. Se si aziona questa, si viene messi in comunicazione con la polizia, i vigili del fuoco oppure con il pronto soccorso.

Die Polizei, dein Freund und Helfer (La polizia, „il tuo amico ed aiuto")

Polizia

überfallen*	*übèr'fallen*	assalire
Überfall (**-fälle**, m)	*üübèrfall*	assalto
einbrechen*	*ainbrèchen*	fare un furto
Dieb (**-e**, m)	*diip (diibe)*	ladro
Polizei (sg f),	*pólizai*	polizia
Polizist (**-en**, m)	*pólizist*	poliziotto
Polizeidienststelle (**-n**, f)	*pólizaidiinst'sc^{i}tèlle*	posto di polizia
Diebstahl (**-stähle**, m)	*diip'sc^{i}taal*	rapina
bewaffneter Diebstahl	*bevaffnetèr diip'sc^{i}taal*	rapina a mano armata
stehlen*	*sc^{i}téelen*	rubare
Einbrecher (m)	*ainbrèchèr*	scassinatore
Einbruch (**-brüche**, m)	*ainbrueh*	scasso
vergewaltigen	*fèr'ghevaltighen*	violentare

Hilfe! Ich bin überfallen worden.
Hilfe! ich bin übèrfallen vòrden
aiuto! io sono assalito diventato
Aiuto! Sono stato/-a assalito/-a.

Ich möchte Anzeige erstatten.
ich möchte anzaighe èr'sc^{i}tatten
io vorrei denuncia[4] sporgere
Voglio sporgere una denuncia.

Ich möchte mit der italienischen Botschaft sprechen.
ich möchte mit dèr italyéeniscen bóot'sc^{i}aft sc^{i}prèchen
io vorrei con la[4] italiana[4] ambasciata[4] parlare
Vorrei parlare con l'ambasciata italiana.

Mir wurde mein/meine ... gestohlen.
mir vurde main/maine ... ghe'sc^{i}tóolen
mi[3] diventavo mio/mia ... rubato
Mi è stato/-a rubato/-a il/la ...

Mir wurden meine ... gestohlen.
mir vurden maine ... ghe'sc^{i}tóolen
mi[3] diventavano miei ... rubato
Mi sono stati/-e rubati/-e i/le ...

Ich habe mein/meine ... verloren. (+4)
ich Haabe main/maine ... fèrlóoren
io ho mio/-a/mie/miei/-e ... perso
Ho perso il mio/la mia / i miei/le mie ...

In queste frasi si possono inserire immutate le parole seguenti (perché 1° = 4° caso). Occorre soltanto fare attenzione al singolare o al plurale.

Scheck (**-s**, m)	*scèk*	assegno
Gepäck (sg n)	*ghepèk*	bagaglio
Handtasche (**-n**, f)	*Hant'tasce*	borsa, borsetta
Kreditkarte (**-n**, f)	*kréditkarte*	carta di credito
Euroscheck-Karte (**-n**, f)	*oiró'scek'karte*	carta assegni
Schlüssel (m)	*sc^{i}lüssel*	chiave
Geld (sg n)	*ghèlt*	denaro
Papiere (pl)	*papiire*	documenti
Dokumente (pl)	*dókumènte*	documenti
Pass (**Pässe**, m)	*pas (pèsse)*	passaporto
Führerschein (**-e**, m)	*füürèr'sc^{i}ain*	patente
Portemonnaie (**-s**, n)	*pòrtmonée*	portamonete
Koffer (m)	*kòffèr*	valigia

Fumare

Il trend di non fumare cresce sempre di più in Germania. La legge antifumo proibisce il fumo in edifici pubblici e sui mezzi di trasporto. Esistono zone per fumatori, per esempio in aeroporti o in molte stazioni di treni. Nei ristoranti e nei bar non c'è ancora una legge federale. Alcune regioni hanno già un divieto completo del fumo, altre invece ancora no.

Se si è invitati a casa si dovrebbe domandare in ogni caso se si possa fumare (se il padrone o la padrona di casa non fumano). Può darsi che preghi di fumare sulla terrazza o sul balcone.

Darf man hier rauchen?
darf man Hir rau~~ch~~en
può si qui fumare
Si può fumare qui?

Rauchen verboten!
rau~~ch~~en fèrbóoten
fumare vietato
Vietato fumare!

Hast du (mal) Feuer?
Hast du (maal) foièr
hai tu (una-volta) fuoco[4]
Mi fai accendere?

Haben Sie Feuer?
Haaben sii foièr
ha Lei fuoco[4]
Mi fa accendere?

Eine Schachtel Zigaretten, bitte.
aine sc'a~~ch~~tel zigarètten, bitte
una[4] scatola[4] sigarette[4], prego
Un pacchetto di sigarette, per favore.

Stört es dich/Sie, wenn ich rauche?
stört ès dich/sii, vèn ich rau~~ch~~e
disturba lo ti[4]/Loro[4], se io fumo
Ti/La disturba se fumo?

Mentre altre persone ancora mangiano è scortese fumare.

Feuerzeug (**-e**, n)	*foièr'zoik (-zoighe)*	accendino
Streichholz (**-hölzer**, n)	*sc'traich'Hòlz (-hölzèr)*	fiammifero
rauchen	*rau~~ch~~en*	fumare
Pfeife (**-n**, f)	*pfaife*	pipa
Aschenbecher (m)	*ascen'bèchèr*	portacenere
Zigarette (**-n**, f)	*zigarètte*	sigaretta
Zigarre (**-n**, f)	*zigarre*	sigaro
Tabak (sg m)	*tabak*	tabacco

Foto: CS

E' vietato fumare nei caffè e ristoranti, ma permesso sulla terrazza e nel Biergarten

Essere malati

In caso d'emergenza si va in ospedale o si chiama l'autoambulanza (il numero di telefono è il 112 ovunque in Germania).

Schnell, einen Arzt!
sc^{i}nèl, ainen arzt
presto, un[4] dottore[4]
Un dottore, presto!

Rufen Sie den Krankenwagen!
ruufen sii dén krankenvaaghen
chiamano Loro la[4] autoambulanza[4]
Chiami l'autoambulanza!

Krankenwagen (m)	*kranken'vaaghen*	autoambulanza
Krankenkasse (**-n**, f)	*kranken'kasse*	cassa malattia
Arzt (**Ärzte**, m)	*arzt (èrzte)*	dottore
Ärztin (**-nen**, f)	*èrztin*	dottoressa
Zahnarzt (**-ärzte**, m)	*zaan'arzt (-èrzte)*	dentista
Notarzt (**-ärzte**, m)	*nóot'arzt (-èrzte)*	pronto soccorso
Krankenschein (**-e**, m)	*kranken'sc^{i}ain*	certificato di malattia
Krankenschwester (**-n**, f)	*kranken'sc^{i}vèstèr*	infermiera
Krankheit (**-en**, f)	*krank'Hait*	malattia
Krankenhaus (**-häuser**, n)	*kranken'Haus*	ospedale, clinica
Wartezimmer (n)	*vartezimmèr*	sala d'aspetto
Patient (**-en**, m),	*paziènt*	(il) paziente
Patientin (**-nen**, f)	*pazièntin*	(la) paziente
Erste Hilfe (sg f)	*èrste Hilfe*	pronto soccorso

Ich bin krank.
ich bin krank
io sono malato
Sono malato/-a.

Ich brauche einen Arzt.
ich brau~~ch~~e ainen arzt
io ho-bisogno un[4] dottore[4]
Ho bisogno di un dottore.

dal dottore

Mir ist schlecht.
mir ist sc^{i}lècht
mi[3] è male
Mi sento male.

Ich habe gebrochen.
ich Haabe ghebrò~~ch~~en
io ho vomitato
Ho vomitato.

Ich habe mir das Bein / den Arm gebrochen.
ich Haabe mir das bain / dén arm ghebrò~~ch~~en
io ho mi[3] la[4] gamba[4] / il[4] braccio[4] rotto
Mi sono rotto/-a la gamba / il braccio.

Ich habe mir den Knöchel verstaucht.
ich Haabe mir dén knöchel fèr'sc^{i}tau~~ch~~t
io ho mi[3] il[4] malleollo[4] slogato
Mi sono slogato il malleollo.

Wo haben Sie Schmerzen?
vóo Haaben sii sc^{i}mèrzen
dove hanno Loro dolori[4]
Dove ha dolori?

Hier tut es weh.
Hir tuut ès vée
qui fa lo dolente
Mi fa male qui.

le parti del corpo

Mir tut ... weh. (+ sg)
mir tuut ... vée
mi[3] fa ... dolente
Mi fa male ...

Mir tun ... weh. (+ pl)
mir tuun ... vée
mi[3] fanno ... dolente
Mi fanno male ...

Essere malati

der Mund	*dèr munt*	la bocca
der Nacken	*dèr nakken*	la cervice
der Hals	*dèr hals*	il collo
das Herz	*das Hèrz*	il cuore
der Zahn (Zähne)	*dèr zaan (zèene)*	il dente
der Finger (Finger)	*dèr fing'èr*	il dito
die Zehe (-n)	*dii zée (<u>zée</u>'en)*	il dito del piede
die Leber	*dii léebèr*	il fegato
die Zunge	*dii zung'e*	la lingua
der Muskel (-n)	*dèr muskèl*	il muscolo
die Nase	*dii naase*	il naso
das Auge (-n)	*das auge*	l'occhio
das Ohr (-en)	*das oor*	l'orecchio
der Knochen	*dèr knò~~ch~~en*	l'osso
der Bauch	*dèr bau~~ch~~*	la pancia
die Haut	*dii Haut*	la pelle
die Brust (Brüste)	*dii brust (brüste)*	il petto/seno
der Fuß (Füße)	*dèr fuus (füüsse)*	il piede
die Lunge	*dii lung'e*	il polmone
die Niere (-n)	*dii niire*	il rene
der Rücken	*dèr rükken*	la schiena
die Schulter (-n)	*dii sc'ultèr*	la spalla
der Magen	*dèr maagen*	lo stomaco
der Kopf	*dèr kòpf*	la testa
die Mandeln (pl)	*dii mandèln*	le tonsille
die Blase	*dii blaase*	la vescica

malattie

Ich brauche etwas gegen ...
ich brau~~ch~~e ètvas ghéeghen ...
io ho-bisogno qualcosa[4] contro ...
Ho bisogno di qualcosa contro ...

Ich habe ...
ich Haabe
io ho ...
Ho ...

Verstopfung (sg f)	*fèr'sc^{i}tòpfung*	costipazione
Durchfall (sg m)	*durch'fal*	diarrea
Fieber (sg n)	*fiibèr*	febbre
eine Entzündung (**-en**, f)	*aine ènt'zündung*	(un) infiammazione
Grippe (sg f)	*grippe*	influenza
Zahnschmerzen (pl)	*zaan'sc^{i}mèrzen*	mal di denti
Halsschmerzen (pl)	*Hals'sc^{i}mèrzen*	mal di gola
Magenschmerzen (pl)	*maaghen'sc^{i}mèrzen*	mal di stomaco
Kopfschmerzen (pl)	*kòpf'sc^{i}mèrzen*	mal di testa
Schnupfen (sg m), **Erkältung** (sg f)	*sc^{i}nupfen, èr'kèltung*	raffreddore
Husten (sg m)	*Huusten*	tosse

Ich bin Diabetiker.
ich bin diabéetikèr
io sono diabetico
Sono diabetico/-a.

Ich bin schwanger.
ich bin sc^{i}vanghèr
io sono incinta
Sono incinta.

Ich bin allergisch gegen Aspirin.
ich bin allèrghisc^i ghéeghen as'piriin
io sono allergico contro aspirina[4]
Sono allergico/-a contro l'aspirina.

Ich brauche eine Quittung mit Diagnose ...
ich brau~~ch~~e aine kvittung mit dia'gnóose ...
io ho-bisogno una[4] *ricevuta*[4] *con diagnosi*[3] *...*
Ho bisogno di una ricevuta con la diagnosi...

... für meine Versicherung.
... für maine fèr'sicherung
... per mia[4] *assicurazione*[4]
... per la mia assicurazione.

Essere malati

in farmacia

Pflaster (n)	*pflastèr*	cerotto
Tablette (**-n**, f)	*tablètte*	compressa
Apotheke (**-n**, f)	*apótéeke*	farmacia
Verband (**-bände**, m)	*fèrbant (-bènde)*	fasciatura
Tropfen (m)	*tròpfen*	goccia
Watte (sg f)	*vatte*	ovatta, cotone
für Erwachsene	*für èrvaxene*	per adulti/grandi
für Kinder	*für kindèr*	per bambini
verschreiben	*fèr'sc^{i}raiben*	prescrivere
Salbe (**-n**, f)	*salbe*	pomata
Rezept (**-e**, n)	*rezèpt*	ricetta
Schlafmittel (n)	*sc^{i}laafmittel*	sonnifero, tranquillante
Zäpfchen (n)	*zèpf'chen*	supposta
Fieberthermometer (n)	*fiibèr'tèrmoméetèr*	termometro

Das Medikament ist verschreibungspflichtig.
das médikament ist fèr'sc^{i}raibunx'pflichtich
La medicina si può vendere dietro
presentazione di ricetta medica.

Wie muss man dieses Medikament einnehmen?
vii mus man diises médikament ain'néemen
come deve si questo medicamento prendere
Come si deve prendere questa medicina?

dreimal täglich
draimal tèeklich
tre-volta quotidiano
tre volte al giorno

vor dem Essen
fòr dém èssen
prima il[3] pasto[3]
prima dei pasti

nach dem Essen
naa~~ch~~ dém èssen
dopo il[3] pasto[3]
dopo i pasti

Toiletta

Se si deve andare al gabinetto si può chiedere discretamente:

Wo ist hier die Toilette?
vóo ist Hir dii to'ilètte
dove è qui la toilette
Dov'è la toilette?

Darf ich die Toilette benutzen?
darf ich dii to'ilètte benuzen
posso io la[4] toilette[4] usare
Posso usare la toilette?

Ich muss mal.
ich mus maal
io devo volta
Devo andare al gabinetto.
(Questa frase non si dice al cameriere!)

Toilette (-**n**, f)	*to'ilètte*	toilette, gabinetto
Damen	*daamen*	donne
Herren	*Hèrren*	uomini
besetzt	*bésèzt*	occupato
frei	*frai*	libero
Toilettenpapier (sg n)	*to'ilèttenpapiir*	carta igienica

Es fehlt Toilettenpapier.
ès féelt to'ilèttenpapiir
lo manca carta-igienica
Manca la carta igienica.

Die Spülung ist kaputt.
dii sc'püülung ist kaput
la sciaquatura è rotto
Il rubinetto è rotto.

igiene e cosmesi

Damenbinde (**-n**, f)	*daamenbinde*	assorbente igienico
Kondom (**-e**, n)	*kondóom*	preservativo
Kosmetik (sg f)	*kòsméetik*	cosmesi
Creme (sg f)	*kréme*	crema
Zahnpasta (sg f)	*zaanpasta*	dentifricio
Taschentuch (**-tücher**, n)	*tascentuuch*	fazzoletto
Nagelfeile (**-n**, f)	*naaghel'faile*	lima per unghie
Nagelschere (**-n**, f)	*naaghel'scéere*	forbicine per unghie
Hygiene (sg f)	*Hü'ghyéene*	igiene
Rasierklinge (**-n**, f)	*rasiir'klinghe*	lama da barba
Windel (**-n**, f)	*vindel*	pannolino (per neonati)
Kamm (**Kämme**, m)	*kam (kèmme)*	pettine
Parfüm (**-s**, n)	*parfüüm*	profumo
Rasierapparat (**-e**, m)	*rasiir'apparaat*	rasoio elettrico
Lippenstift (**-e**, m)	*lippen'sc'tift*	rossetto
Seife (**-n**, f)	*saife*	sapone
Rasierschaum (sg m)	*rasiir'sc'aum*	schiuma da barba
Shampoo (sg n)	*sc'ampó*	shampoo
Nagellack (sg m)	*naaghel'lak*	smalto per unghie
Haarbürste (**-n**, f)	*Haarbürste*	spazzola per i capelli
Zahnbürste (**-n**, f)	*zaanbürste*	spazzolino da denti
Tampon (**-s**, m)	*tampòng*	tampone

Linguaggio popolare

Nel linguaggio popolare alcuni paroli vengono pronunciate spesso in un altro modo. Una -e o una -t in fine di parola viene spesso eliminata. Le più importanti espressioni sono:

alto tedesco	linguaggio popolare	
ist *ist*	**is** *is*	è
nein *nain*	**nee** *née*	no
nicht *nicht*	**nich** *nich*	non
nichts *nichts*	**nix, nischt** *nix, nisc'*t*	niente
ich habe *ich Haabe*	**ich hab** *ich Hap*	ho
hast du? *Hast duu*	**hasde?** *Hasde*	hai?
willst du? *vilst duu*	**willsde?** *vilsde*	vuoi?
kannst du? *kanst duu*	**kannsde?** *kansde*	puoi?
musst du? *must duu*	**mussde?** *musde*	devi?
haben wir? *Haaben vir*	**hamwa?** *Hamva*	abbiamo?
wollen wir? *vòllen vir*	**wollnwa?** *vòlnva*	vogliamo?
gehen wir? *ghéen vir*	**gehnwa?** *ghéenva*	andiamo?
sag mal! *saak maal*	**sach mal!** *sa~~eh~~ maal*	di' un po'!
sagt *saakt*	**sacht** *sa~~eh~~t*	dice

Imprecare e maledire

La raccolta seguente di parolacce deve aiutare a riconoscerle come parolacce. Poiché parolacce dipendono molto dalla situazione e sono molto emotive ci si può sbagliare rapidamente nel tono. Allora sconsiglio di usare le parolacce!

(Verdammte) Scheiße!
(fèr'damte) sc^{i}aisse
(maledetta) merda
Merda!

(Verdammter) Mist!
(fèr'damtèr) mist
(maledetto) sterco
Porca miseria!

Ach du große Scheiße!
a~~ch~~ du gróosse sc^{i}aisse
ah tu grande merda
Porco Giuda!

Sauerei!
saue'rai
porcheria!
Porcheria!

Arschloch!	*arsc^{i}'lò~~ch~~*	Imbecille! Buco del culo!
Scheißkerl!	*sc^{i}ais'kèrl*	Stronzo!
Drecksau!, Drecksack!	*drèk'sak drèk'sau,*	Porco! Sacco di merda!
Du Schwein!	*du sc^{i}vain*	Porco!
Blödmann!	*blöötman*	Imbecille! Scimunito!
Depp!, Dummkopf!	*dèp, dumkòpf*	Cretino! Sciocco!
Idiot!	*idyóot*	Idiota!
Wichser!	*vixèr*	Masturbatore!
Macho!	*mac^{i}ó*	Macho!
Hure!, Flittchen!	*Huure, flit'chen*	Puttana! Bagascia!
Dumme Gans!	*dumme ganz*	Oca!

Hau ab!
hau ap
Taglia la corda!

Zieh Leine!
zii laine
taglia corda[4]
Taglia la corda!

Lass mich zufrieden!
las mich zu'friiden
lascia mi[4] soddisfatto
Lasciami in pace!

Sag mal spinnst du?
saak maal sc^{i}pinst duu
di' volta fili tu
Sei matto/-a?

Bist du noch ganz frisch/sauber?
bist du nò~~ch~~ ganz frisc^i/saubèr
sei tu ancora tutto fresco/pulito
Ma sei a posto?

Nerv nicht!
nèrf nicht
disturba non
Non rompere le palle!

Du spinnst ja!
du sc^{i}pinst yaa
tu fili sì
Sei matto/-a!

L'espressioni seguenti sono molto volgari!

Leck mich (am Arsch)!
lèck mich (am arsc^i)
lecchi mi[4] (a-il[3] culo[3])
Va' a farti fottere!

Verpiss dich!
fèr'pis dich
piscia ti(r)
Va' a farti friggere!

Das ist mir scheißegal!
das ist mir sc^{i}aiss'egaal
questo è mi[3] merda-uguale
Me ne frego!

Scher dich zum Teufel!
scèr dich zum toifel
va(tte)ne ti(r) da-il[3] diavolo[3]
Va' al diavolo!

I più importanti verbi forti

Verbi composti vengono coniugati come il verbo di base, per esempio ein | steigen (salire su) come steigen (salire). Una „(s)“ significa che il verbo ausiliare è sein (essere). L'imperfetto è sempre la forma per la 1ª persona singolare (io), p. es. ich bat (pregavo), ich blieb (rimanevo).

	infinitivo	imperfetto	participio II
pregare	**bitten**	**bat**	**gebeten**
ricevere	**be·kommen**	**bekam**	**bekommen**
rimanere	**bleiben** (s)	**blieb**	**geblieben**
portare a	**bringen**	**brachte**	**gebracht**
pensare	**denken**	**dachte**	**gedacht**
raccomandare	**emp·fehlen**	**empfahl**	**empfohlen**
mangiare	**essen**	**aß**	**gegessen**
andare in macchina	**fahren** (s)	**fuhr**	**gefahren**
cadere	**fallen** (s)	**fiel**	**gefallen**
trovare	**finden**	**fand**	**gefunden**
aiutare	**helfen**	**half**	**geholfen**
dare	**geben**	**gab**	**gegeben**
andare	**gehen** (s)	**ging**	**gegangen**
accadere	**ge·schehen** (s)	**geschah**	**geschehen**
avere	**haben**	**hatte**	**gehabt**
tenere; fermare	**halten**	**hielt**	**gehalten**
conoscere	**kennen**	**kannte**	**gekannt**
venire	**kommen** (s)	**kam**	**gekommen**
lasciare	**lassen**	**ließ**	**gelassen**
prestare	**leihen**	**lieh**	**geliehen**

I più importanti verbi forti

	infinitivo	imperfetto	participio II
leggere	**lesen**	**las**	**gelesen**
giacere	**liegen**	**lag**	**gelegen**
prendere	**nehmen**	**nahm**	**genommen**
chiamare	**rufen**	**rief**	**gerufen**
essere	**sein** (s)	**war**	**gewesen**
dormire	**schlafen**	**schlief**	**geschlafen**
chiudere	**schließen**	**schloss**	**geschlossen**
scrivere	**schreiben**	**schrieb**	**geschrieben**
nuotare	**schwimmen** (s)	**schwamm**	**geschwommen**
vedere	**sehen**	**sah**	**gesehen**
sedere	**sitzen**	**saß**	**gesessen**
parlare	**sprechen**	**sprach**	**gesprochen**
stare in piedi	**stehen**	**stand**	**gestanden**
salire	**steigen** (s)	**stieg**	**gestiegen**
incontrare	**treffen**	**traf**	**getroffen**
bere	**trinken**	**trank**	**getrunken**
fare	**tun**	**tat**	**getan**
dimenticare	**ver·gessen**	**vergaß**	**vergessen**
perdere	**ver·lieren**	**verlor**	**verloren**
diventare	**werden** (s)	**wurde**	**geworden**
sapere	**wissen**	**wusste**	**gewusst**

Indicazioni bibliografiche

Secondo me i seguenti testi, grammatiche, edizionari sono sufficienti.

I seguenti libri, testi, grammatiche, ecc. non sono in vendita presso il Reise Know-How Verlag.

Sprachkurs Deutsch.
Verlag Moritz Diesterweg,
Verlag Sauerländer.
ISBN 978-3-425-25901-7

Themen neu: Lehrwerk für Deutsch als Fremdsprache. Arbeitsbuch 1.
Max Hueber Verlag.
ISBN 978-3-19-011521-1

Grammatica tedesca. Chiara e concisa.
Edition Deutsch. Klett-Verlag.
ISBN 978-3-12-675329-6

Langenscheidts Verb-Tabellen „Deutsch".
Langenscheidt-Verlag.
ISBN 978-3-468-34110-6
(Indispensabile è un vero aiuto per imparare a coniugare i verbi tedeschi correttamente, anche di facile consultazione!)

Langenscheidts Kurzgrammatik Deutsch.
Langenscheidts Grammatiktafel Deutsch.
Langenscheidts Grammatik in Frage und Antwort. Langenscheidt-Verlag.

I Dizionario Sansoni.
„Tedesco – Italiano" e „Italiano – Tedesco".
Sansoni. ISBN 978-88-383-0015-8
(Molto dettagliato con molte frasi idiomatiche e contesto.)

Vocabolario Tedesco – Italiano

Foto: nordseetourismus.de (TASH / DZT)

Leuchtturm (faro), Westerhever

*Il **vocabolario** base di 1000 parole (italiano-tedesco e tedesco-italiano).Non contiene i vocaboli speciali dei capitoli, p. es. numeri, date generali, colori, cibi, ecc.*
***Abbreviazioni** usate nelle liste dei vocaboli:*

m	*maschine*
f	*femminile*
n	*neutro*
sg	*singolare*
pl	*plurale*
*	*verbo forte*
(s)	*il verbo ausiliare è* sein *(essere)*
|	*prefisso separabile*
·	*prefisso inseparabile*
+3	*segue il 3° caso*
+4	*segue il 4° caso*

*Il **plurale** di una parola sta in parentesi:*
Abend (-e, m) sera
Leggete:
Abend *singolare*
Abende *plurare*
m *nome maschile*

Il singolare ed il plurale sono identichi:
Fehler (m) errore

Qualche volta non esiste un plurale …
Alter (sg n) età

… e qualche volta esiste soltanto un plurale:
Leute (pl) gente

A

Abend (-e, m) sera
aber ma
ab | fahren* (s) partire
Abfahrt (-en, f) partenza
ab | hängen* (von +3) dipendere (da)
ab | holen (+4) andare/venire a prendere
Acht | geben* (auf +4) fare attenzione (a)
Achtung (sg f) attenzione
ähnlich simile, somigliante
alle tutti
allein solo
allem: vor ˜ soprattutto
alles tutto
allgemein generale; comune
Allgemeinen, im ˜ in generale, di solito
als quando; di; che (comparazione)
als ob come se
also dunque, quindi; allora
alt vecchio, antico; usato
Alter (sg n) età
Altstadt (sg f) centro storico
Amt (Ämter, n) ufficio, carica
a·müsieren, sich divertirsi
an a; in
an | bieten* (+3 +4) offrire (a)
an | sehen* (+4) guardare
andere, alles ˜ tutto il resto
anderem: unter ˜ tra l'altro
anderer altro
anderes: etwas ˜ qualcosa 'altro
anderes: nichts ˜ nient'altro
ändern, sich cambiare
andernfalls altrimenti
anders diverso
anders: jemand ˜ qualcun altro
anderswo(hin) altrove
Anfang (-fänge, m) inizio
Anfang: am ˜ all'inizio (di)
an | fangen* (mit +4) (in)cominciare, mettersi a

Vocabolario Tedesco – Italiano

an | fassen (+4) toccare
Angebot (-e, n) offerta
angenehm piacevole
Angst (Ängste, f) paura
Angst haben (vor +3/+4) avere paura (di)
an | halten fermarsi
an | kommen* (s) arrivare, giungere
Ankunft (-künfte, f) arrivo
an | machen (+4) accendere (p.es. la luce)
an | rufen (+4) telefonare (a)
an | sehen* (+4) guardare
anstatt invece di, in luogo di
Mühe (-n, f) fatica
Antwort (-en, f) risposta
ant·worten (auf +4) rispondere (a)
an | ziehen* (+4) indossare, vestire, metter(si)
Appetit (sg m) appetito
Arbeit (-en, f) lavoro
arbeiten lavorare
ärgern, sich arrabbiarsi
arm povero
Art (-en, f) genere, modo, maniera
Art und Weise: auf diese ~ in questo modo
Arzt (Ärzte, m) medico, dottore
auch anche, pure
auch nicht neanche
auf su, sopra
Aufenthalt (-e, m) soggiorno
auf | hören (mit +4) finire di, smettere di
aufmerksam (sein) (stare) attento
auf | passen (auf +4) badare (a), fare attenzione (a)
auf | stehen* (s) alzarsi
auf | wachen (s) svegliarsi
Augenblick (-e, m) attimo, momento
aus (von) da, di
aus (vorbei) finito
aus: es ist ~ è finita
Ausfahrt (-en, f) uscita
Ausflug (-flüge, m) giro, gita
Ausgang (-gänge, m) uscita
aus | gehen* (s) uscire
Ausland (sg n) estero
Ausländer (m) straniero
aus | ruhen, sich riposarsi
aus | sehen* parere
außer eccetto, oltre; fuori di
außerdem inoltre, per di più
außerhalb (al di) fuori di
aus | steigen* (s) (aus dem Bus) scendere (dal bus)
Ausstellung (-en, f) mostra
Ausverkauf (-käufe, m) svendita
aus | wählen (+4) scegliere
Ausweis (-e, m) documento, carta d'identità
aus | ziehen*, sich svestirsi
Auto (-s, n) macchina, auto
Auto: mit dem ~ fahren* (s) andare in macchina
Autobahn (-en, f) autostrada
Automat (-en, m) distributore

B

Bad (Bäder, n) bagno
baden fare un bagno
Bahnhof (-höfe, m) stazione
Bank (-en, f) banca
Batterie (-n, f) batteria
bauen (+4) costruire
Baum (Bäume, m) albero
be·deuten significare, voler dire
be·dienen (+4) servire
be·gegnen (s) (+3) incontrare
be·gleiten (+4) accompagnare
be·halten (+4) tenere
Behörde (-n, f) ufficio, carica
bei a
bei (nahe) vicino a, presso
bei da
beide tutt'e due, entrambi
Beilagen (pl) contorni
beinahe (fast) quasi, press'a poco
bekannt conosciuto, noto
Bekannter (-n, m) conoscente (m)
Bekannte (-n, f) conoscente (f)

be·kommen* (+4) ricevere, ottenere
be·merken (+4) accorgersi (di), notare; osservare
be·nutzen (+4) usare
Benzin (sg n) benzina
bequem comodo
Berg (-e, m) monte
Beruf (-e, m) professione
berühmt famoso
besetzt occupato
besondere(r, -s) particolare, speciale
besonders specialmente, soprattutto
besorgt preoccupato
be·stellen (+4) ordinare
be·suchen (+4) andare a trovare, frequentare
Bett (-en, n) letto
bevor prima di/che
be·vorzugen (+4) preferire
be·wegen (+4) muovere
be·zahlen (+4) pagare
Bier (-e, n) birra
Bild (-er, n) quadro
billig a buon mercato
bis fino a; a; finché
bis jetzt finora
bisher finora
bisschen un po'
bitten* (um +4) pregare
bleiben* (s) restare, rimanere, fermarsi
Bleistift (-e, m) matita
bloß (nur) solo, soltanto
Blume (-n, f) fiore
Bluse (-n, f) camicetta
Blut (sg n) sangue
böse cattivo, adirato
brauchen (+4) avere bisogno di
breit largo
brennen* bruciare, ardere
Brille (-, f) occhiali
bringen* (+3 +4) portare
Brot (-e, n) pane
Brücke (-n, f) ponte
Buch (Bücher, n) libro
buchen (+4) riservare
Büro (-s, n) ufficio
Bus (-se, m) autobus

D

da qui, qua; lì, là, ci
da sein* (s) esserci
dafür per questo
damals allora, a quel tempo
Dame (-n, f) signora
damit con questo
damit (um zu) perché, affinché, di modo che
danach poi, dopo, in seguito
danken (+3 für +4) ringraziare (per)
dann poi, dopo, allora
darum per questo, perciò
dass che
dasselbe lo stesso
dauern durare
dauernd continuo
denken* (an +4) pensare (a)
deshalb perciò, per questo
deutsch tedesco
Deutsche (-n, f) tedesca
Deutscher (Deutschen, m) tedesco
Deutschland (sg n) Germania
dick grosso, grasso
Diesel (sg m) gasolio
doch (ep)pure, però
dort(hin) là, laggiù, ci
draußen fuori
dringend urgente
dumm stupido
dunkel buio, oscuro
dünn fino; sottile; magro
durch (hindurch) attraverso
durch (mittels) per mezzo di
durcheinander confuso
Durst (sg m) sete
Dusche (-n, f) doccia
duschen fare la doccia

E

ebenfalls ugualmente, anche, altrettanto
echt vero, puro
Ecke (-n, f) angolo
egal (gleich) uguale
ehrlich sincero
Ei (Eier, n) uovo
Eile (sg f) fretta
einfach semplice, facile
Eingang (-gänge, m) entrata, ingresso
einige alcuni, qualche

Vocabolario Tedesco – Italiano

ein | kaufen (+4) fare la spesa
ein | laden (+4) invitare
einmal una volta
ein | steigen* (s) (in +4) salire (su) (bus, treno)
ein | treten* (s) entrare
Eintritt (-e, m) ingresso
einverstanden sein* (s) essere d'accordo
einzige (f) unica
einziger (m) unico
Eis (sg n) gelato
Ende (-n, n) fine
endlich finalmente; infine
eng (schmal) stretto
England (sg n) Inghilterra
englisch inglese
ent·schuldigen, sich (für +4) scusarsi (per)
Erde (sg f) terra
Erfolg (-e, m) successo
er·innern, sich (an +4) ricordarsi (di)
er·kälten, sich raffreddarsi
er·kennen* (+4) riconoscere
er·klären (+3 +4) spiegare
er·lauben (+3 +4) permettere
Erlaubnis (sg f) permesso
ernst serio, grave
Erwachsene (-en, m) adulto
essen* (+4) mangiare
Essen (sg n) cibo
etwa circa; più o meno
etwas qualcosa; un po'
etwas anderes qualcos'altro

F

fähig (zu) capace (di)
Fähre (-n, f) traghetto
fahren* (s) (mit +3) guidare; andare (in)
Fahrkarte (-n, f) biglietto
Fahrplan (-pläne, m) orario
Fahrrad (-räder, n) bicicletta
Fahrt (-en, f) viaggio; corsa
Fall (Fälle, m) caso
fallen* (s) cadere
falls se, qualora
falls nicht se no
falsch sbagliato; falso
Familie (-n, f) famiglia
fangen (+4) acchiappare
fast / beinahe quasi, pressoché
faul pigro
fehlen mancare
Fehler (m) sbaglio, errore
Feier (-n, f) festa
Fenster (n) finestra
Ferien (pl) ferie, vacanze
fern / weit lontano, distante
Fernseher (m) televisione
fertig pronto; finito
fest fisso; solido; fermo
fest | halten* (+4) tenere fermo
fett grasso; grosso
feucht umido
Feuer (n) fuoco
finden* (+4) trovare
Firma (Firmen, f) ditta
Flasche (-n, f) bottiglia
Fliege (-n, f) mosca
fliegen* (s) volare
fliehen* (s) fuggire
Flug (Flüge, m) volo
Flughafen (-häfen, m) aeroporto
Flugzeug (-e, m) aereo
Fluss (Flüsse, m) fiume
flüssig liquido
Frage (-n, f) domanda
fragen (+4) chiedere
Frau (-en, f) donna
Fräulein (n) signorina
frei libero
Freiheit (-en, f) libertà
fremd straniero; strano
Freude (-n, f) piacere, gioia
freuen, sich (über +4) rallegrarsi (su)
Freund (-e, m) amico
Freundin (-nen, f) amica
freundlich gentile
Frieden (sg m) pace
frieren* avere freddo
frisch fresco
froh contento, lieto
fröhlich allegro, gaio
Frucht (Früchte, f) frutta
fühlen, sich sentirsi
Führerschein (-e, m) patente di guida
für per
Fußball (-bälle, m) pallone; calcio

G

ganz / alles tutto, intero, completo; completamente
gar nicht non ... affatto
gar nichts proprio niente
Garten (Gärten, m) giardino
Gast (Gäste, m) ospite
gastfreundlich ospitale
Gaststätte (-n, f) osteria
Gebäude (n) edificio
geben* (+3 +4) dare
Gebiet (-e, n) territorio, regione
Gebirge (n) montagna
geboren nato
gebraucht usato
Geburtstag (-e, m) compleanno
Gedanke (-n, m) pensiero, idea
Gedicht (-e, n) poema
geduldig paziente
Gefahr (-en, f) pericolo; rischio
ge·fallen* piacere
Gefängnis (-se, n) prigione
Gefühl (-e, n) sentimento
gegen contro, verso, in confronto a
Gegend (-en, f) regione
gegenüber (von) di fronte (a)
Gehalt (-hälter, n) stipendio
geheim segreto
gehen* (s) andare, camminare
ge·hören (zu +3) appartenere (a)
Geld (-er, n) denaro, soldi
Geldstrafe (-n, f) multa
Gelegenheit (-en, f) occasione
ge·lingen* (s) riuscire
gelten* valere, essere valido
Gemüse (sg n) verdura
gemütlich comodo, accogliente, confortevole
genau / eben appunto, proprio
genau / präzise esatto, (di) preciso
ge·nießen* (+4) godere
genügend sufficiente
geöffnet aperto
Gepäck (sg n) bagaglio
gerade(aus) diritto
gerecht giusto
Gericht (-e, n) piatto
gern volentieri, con piacere
gern haben* (+4) voler bene
Geschäft (-e, n) negozio
geschäftlich per affari
ge·schehen* (s) succedere, accadere
Geschenk (-e, n) regalo, dono
Geschichte (-n, f) storia
geschlossen chiuso
Geschmack (sg m) gusto
Gesellschaft (sg f) società
Gesetz (-e, n) legge
Gespräch (-e, n) dialogo, conversazione, discorso
gesund sano
Gesundheit (sg n) salute
Getränk (-e, n) bibita, bevanda
Gewalt (sg f) potere, forza; violenza
Gewicht (-e, n) peso
ge·winnen* (+4) vincere; guadagnare
ge·wöhnen, sich (an +4) abituarsi (a)
Gift (-e, n) veleno
glauben (+3 +4) credere; pensare
gleich uguale
gleich / sofort fra poco, (in) un momento/attimo
Glück (sg n) fortuna; felicità
Glück: zum ~ per fortuna
glücklich felice; fortunato; beato
glücklicherweise fortunatamente
Glückwunsch (-wünsche, m) augurio
Gold (sg n) oro
Gott (Götter, m) Dio
Grenze (-n, f) frontiera
Grill (-s, m) griglia
groß grande; alto
großartig magnifico, meraviglioso
Größe (-n, f) grandezza; altezza; taglia
Grund (Gründe, m) motivo, causa
grüßen (+4) salutare

gültig valido
gut buono

H

Haare (pl) capelli
haben* (+4) avere
Hafen (Häfen, m) porto
halb mezzo
Hälfte (-n, f) metà
halten* (+4) tenere; fermarsi
Haltestelle (-n, f) fermata
Handel (sg m) commercio
handeln (mit +4) agire; commerciare (con)
handeln, sich (um +4) trattarsi (di)
handgemacht fatto a mano
Handtasche (-n, f) borsetta
Handtuch (-tücher, n) asciugamano
Handwerk (sg n) mestiere
hart duro; rigido
hassen (+4) odiare
Hauptstadt (-städte, f) capitale
Haus (Häuser, n) casa
Hausfrau (-en, f) casalinga
heilen (+4) curare; guarire
heilig santo, sacro
Heimat (-en, f) patria
heiraten (+4) sposarsi
heiß caldo
heißen voler dire; significare; chiamarsi
heiter sereno; allegro
heizen (+4) riscaldare
helfen* (+3) aiutare
hell chiaro
Hemd (-en, n) camicia
Herbst (sg m) autunno
Herr (-en, m) signore
her·stellen (+4) fabbricare
Herz (-en, n) cuore
herzlich cordiale, affettuoso
hier qui
Hilfe (-n, f) aiuto, soccorso
Hilfe: Erste ~ pronto soccorso
Himmel (m) cielo
hinauf (in) su, in alto
hinaus fuori
hinaus | gehen* (s) uscire
hinein dentro
Hinfahrt (-en, f) andata
hin | setzen, sich sedersi
hinter dietro a
hinunter (in) giù, in discesa
hinunter | gehen* (s) scendere
Hitze (sg f) caldo, calore
hoch alto, elevato
hoch | heben* (+4) alzare, (sol)levare
höchstens al massino, tutt'al più
Hochzeit (-en, f) nozze
hoffen (+4) sperare
hoffentlich speriamo (che)
Hoffnung (-en, f) speranza
höflich cortese
Höhe (-n, f) altezza
holen (+4) andare a prendere
Holz (Hölzer, n) legno
Honig (sg m) miele
hören (+4) udire, sentire, ascoltare
Hose (-n, f) pantaloni, calzoni
Hotel (-s, n) albergo
Hund (-e, m) cane
Hunger (sg m) fame

I

Idee (-n, f) idea
in in, a; entro, dentro, fra
innen dentro; all'interno
Insel (-n, f) isola
insgesamt in tutto, in totale
Instrument (-e, n) strumento
intelligent intelligente
interessant interessante
inter·essieren, sich (für +4) interessarsi (di)
inzwischen frattanto
irgendein qualsiasi, qualunque
irgendetwas qualsiasi/qualunque cosa
irgendjemand qualcuno
irgendwie in qualche modo
irgendwo da qualche parte
irren, sich sbagliarsi
Italien (sg n) Italia
Italiener (m) italiano
Italienerin (-nen, f) italiana
italienisch italiano

J

ja sì
Jacke (-n, f) giacca
jeder ogni, qualunque, ciascuno, chiunque
jemand qualcuno
jung giovane

K

kalt freddo
Kälte (sg f) freddo
kämpfen (um +4) lottare, combattere (per)
kaputt guasto; rotto
Kasse (-n, f) cassa
Katze (-n, f) gatto
kaufen (+4) comprare
kaum appena
keiner nessuno
Kellner (m) cameriere
kennen* (+4) conoscere
Kerze (-n, f) candela
Kind (-er, n) bambino
Kino (-s, n) cinema
Kirche (-n, f) chiesa
klar chiaro, limpido
Klasse (-n, f) classe
Kleid (-er, n) vestito, abito
klein piccolo
Kleingeld (sg n) spiccioli
Klingel (-n, f) campanello
klingeln suonare
klopfen bussare
kochen (+4) cucinare; cuocere; bollire
Koffer (m) valigia
komisch buffo, comico
kommen* (s) venire
können* potere; sapere
Konzert (-e, n) concerto
Kopf (Köpfe, m) testa, capo
Körper (m) corpo
kosten costare
kosten (+4) assaggiare
Kraft (Kräfte, f) forza
krank (am)malato
krank werden* (s) ammalarsi
Krankheit (-en, f) malattia
Kreditkarte (-n, f) carta di credito
Krieg (-e, m) guerra
Küche (-n, f) cucina
Kuchen (m) torta, dolce
Kugelschreiber (m) penna a sfera
Kultur (-en, f) cultura
Kunst (Künste, f) arte
kurz corto; breve
küssen (+4) baciare
Küste (-n, f) costa

L

lachen (über +4) ridere (su)
Laden (Läden, m) negozio, bottega
Lampe (-n, m) lampada
Land (Länder, n) paese; campagna
Landkarte (-n, f) carta
Landwirtschaft (sg f) agricoltura
lang lungo
lange a lungo
Länge (-n, f) lunghezza
längs / entlang lungo
langsam lento, piano, adagio
langweilen, sich annoiarsi
langweilig noioso
Lärm (sg m) chiasso, rumore
lassen* (+4) lasciare
laufen* (s) correre, camminare
laut forte, rumoroso
leben vivere
Leben (n) vita
lebendig vivo, vivente
Lebensmittel (pl) viveri
Leder (sg n) cuoio, pelle
leer vuoto; libero
legen (+4) mettere, posare
lehren (+4) insegnare
leicht leggero
leiden* (an +4) soffrire (di)
leider purtroppo
lernen (+4) imparare
lesen* (+4) leggere
letzte: der/die/das ~ l'ultimo/-a
Leute (pl) gente
Licht (-er, n) luce, lume
lieb caro
Liebe (sg f) amore
lieben (+4) amare
Lied (-er, n) canzone, canto
liegen* essere situato, trovarsi; giacere
links a sinistra
Literatur (sg f) letteratura
lösen (+4) risolvere

Luft (Lüfte, f) aria
Lust (sg f) voglia, piacere, desiderio
Lust haben* (zu +4) aver voglia (di)
lustig allegro, gaio

M

machen (+4) fare
mal un po'
Mal (-e, n) volta
malen (+4) dipingere
man si
Mann (Männer, m) uomo
Mantel (Mäntel, m) cappotto
Mark (sg f) marco
Markt (Märkte, m) mercato
Medikament (-e, n) medicina
Medizin (sg f) medicina
Meer (-e, n) mare
mehr (di) più
meinen (+4) intendere, pensare, credere
meinetwegen per me; per causa mia
Meinung (-en, f) opinione
Menge (-n, f) quantità
Mensch (-en, m) persona; uomo
menschlich umano
merken, sich (+4) ricordarsi (di)
merkwürdig strano
Miete (-n, f) affitto
mieten (+4) affittare, noleggiare
Milch (sg f) latte
mindestens almeno, per lo meno
mit con
miteinander l'uno con l'altro
Mitte (-n, f) mezzo, centro
Mode (-n, f) moda
modern moderno
mögen* (+4) volere; volere bene, piacere
möglich possibile
Moment (-e, m) attimo, momento
Mond (-e, m) luna
Motor (-en, m) motore
Motorrad (-räder, n) moto(cicletta)
Mücke (-n, f) mosca, zanzara
müde stanco
müde werden* (s) stancarsi
Museum (Museen, n) museo
Musik (-en, f) musica
müssen* (+4) dovere

N

nach a, in (direzione); dopo
nachher dopo, in seguito
Nachname (-n, m) cogno-me
Nachrichten (pl) notizie
nächster prossimo, seguente
nackt nudo
nahe(bei) vicino (a), presso
nähen (+4) cucire
nämlich cioè, precisamente
nass bagnato
Nation (-en, f) nazione
national nazionale
Natur (-en, f) natura
natürlich naturale; naturalmente
neben accanto a, a fianco di
nebeneinander (l')uno accanto l'altro
nehmen* (+4) prendere
nein no
nennen* (+4) nominare, chiamare
nett gentile; carino
neu nuovo
neuem: von ~ di nuovo
neugierig curioso
nicht non
nichtalkoholisch analcolico
nichts niente
nie non ... mai
nie wieder mai più
niedrig basso
niemand nessuno
nirgends in nessun luogo
noch ancora
noch nicht non ... ancora
nochmal (von neuem) di nuovo, ancora una volta
normal normale
nötig necessario
nötig haben* (+4) aver bisogno (di)

nötig: es ist ~ occorre, c'è bisogno di
nun ora, adesso
nur solo, soltanto
nützlich utile

O

ob se, qualora
oben sopra, su
obgleich sebbene, benché
Obst (sg n) frutta
obwohl sebbene, benché
oder o, oppure
öffentlich pubblico
öffnen (+4) aprire
oft spesso, sovente
ohne senza
ohne dass senza che
ohnmächtig werden* (s) svenire
Öl (-e, n) petrolio; nafta; olio
Ort (-e, m) luogo, posto
Österreich (sg n) Austria

P

paar alcuni, alcune
Paar (-e, n) paio
paarmal: ein ~ qualche volta
Panne (-n, f) (Auto~) guasto (al motore)
Papier (sg n) carta
parken (+4) parcheggiare
Parmesankäse (sg m) parmigiano
Pass (Pässe, m) passaporto
Passagier (-e, m) passeggero
passen stare/andare bene (p.es. vestiti)
pa·ssieren succedere, accadere
Person (-en, f) persona
Personalausweis (-e, m) carta d'identità
persönlich personale
Pille (-n, f) pillola
Plan (Pläne, m) piano, progetto
platt sgonfio
Platz (Plätze, m) posto; piazza
plötzlich all'improvviso, ad un tratto
Politik (sg f) politica
Präsident (-en, m) presidente
Preis (-e, m) prezzo
privat privato
pro·bieren (+4) assaggiare
Problem (-e, n) problema
Prozent (-e, n) percento
prüfen (+4) controllare; esaminare; provare
putzen pulire

Q

Qualität (-en, f) qualità
quer attraverso
Quittung (-en, f) ricevuta

R

rasieren, sich farsi la barba
Rat(schlag) (-schläge, m) consiglio
rauchen (+4) fumare
rechnen (+4) contare, calcolare
Rechnung (-en, f) conto, fattura
Recht (-e, n) ragione; diritto; giustizia
Recht haben* avere ragione
rechts a destra
reden parlare
regelmäßig regolare
Regierung (-en, f) governo
regnen piovere
reich ricco
reif maturo
rein puro, pulito
Reinigung (-en, f) lavaggio
Reise (-n, f) viaggio
Reisebüro (-s, n) agenzia viaggio
reisen (s) viaggiare
Religion (-en, f) religione
rennen* (s) correre
Rente (-n, f) pensione
reparieren (+4) riparare
Republik (-en, f) repubblica
reservieren (+4) prenotare, riservare
Rest (-e, m) resto
Restaurant (-s, n) ristorante
retten (+4) salvare
richtig giusto, esatto

Richtung (-en, f) direzione, senso
Rock (Röcke, m) gonna
roh crudo
Rückfahrt (-en, f) ritorno
rufen* (+4) chiamare, gridare
Ruhe (sg f) calma, silenzio
ruhig tranquillo, calmo

S

Sache (-n, f) cosa
Sachen (pl) / Zeug (sg n) roba
sagen (+3 +4) dire
sammeln (+4) (rac)cogliere
sauber pulito
schade peccato
schaffen: es ~ farcela
Schalter (m) sportello
scharf piccante; tagliente
Schatten (m) ombra
Schaufenster (n) vetrina
Scheck (-s, m) assegno (bancario)
schenken (+3 +4) regalare
schicken (+3 +4) mandare, inviare
schießen* sparare, tirare
Schiff (-e, n) nave
Schlaf (sg m) sonno
schlafen* dormire
schlagen* (+4) battere, picchiare
schlecht cattivo, male
schließen* (+4) chiudere
Schloss (Schlösser, n) castello
Schlüssel (n) chiave
schmecken (nach +4) sapere (di)
Schmerz (-en, m) dolore, male
schmutzig sporco
schneiden* (+4) tagliare
schnell presto; veloce, rapido
Schokolade (-n, f) cioccolata
schon già
schön bello
schrecklich terribile
schreiben* (+3 +4) scrivere
schreien* gridare
Schuh (-e, m) scarpa
Schuld (sg f) colpa
Schulden (pl) debiti
Schule (-n, f) scuola
schwach debole
schweigen* tacere
Schwein (-e, n) porco, maiale
Schweiz (sg f) Svizzera
schwer pesante
schwierig difficile
Schwierigkeit (-en, f) difficoltà
Schwimmbad (-bäder, n) piscina
schwimmen* (s) nuotare
schwitzen sudare, traspirare
See (-n, m) lago
Seele (-n, f) anima
sehen* (+4) vedere
sehr molto
Seide (sg f) seta
Seife (-n, f) sapone
sein* (s) essere; esistere
seit da
seit langem da molto
Seite (-n, f) parte, lato; pagina
selten raro
setzen (+4) mettere, porre
setzen, sich sedersi
sich si
sicher certo, sicuro
Silber (sg n) argento
singen* (+4) cantare
Sinn (sg m) senso
sitzen* sedere
Ski fahren* (s) sciare
so così, in questo/tal modo
sobald appena
so dass di modo/maniera di, tanto che, cosicché
sogar perfino, persino
solche(r, -s) tale
sollen dovere
Sommer (m) estate
sondern ma, bensì, invece
Sonne (-n, f) sole
sonst altrimenti
sorgen, sich (um +4) preoccuparsi (di)
Speisekarte (-n, f) carta, menù
Spezialität (-en, f) specialità
speziell speciale
Spiegel (m) specchio

Spiel (-e, n) gioco
spielen (+4) giocare
Sprache (-n, f) lingua
sprechen* parlare
springen* (s) saltare
Staat (-en, m) stato
Stadt (Städte, f) città
stark forte
statt | finden* avere luogo
stehen* stare (in piedi)
stehen | bleiben* (s) fermarsi
stehlen* (+4) rubare
Stein (-e, m) pietra, sasso
stellen (+4) mettere, porre
sterben* (s) morire
Steuer (-n, f) tassa, imposta
Stimme (-n, f) voce
Stockwerk (-e, n) piano
Stoff (-e, m) stoffa, tessuto
stolz (auf +4) orgoglioso/fiero (di)
stören (+4) disturbare
Strafe (-n, f) punizione
Strand (Strände, m) spiaggia
Straße (-n, f) strada
Streik (-s, m) sciopero
Streit (-s, m) lite, litigio
streng severo, rigoroso
Strom (sg m) corrente (elettrica)
Stück (-e, n) pezzo
studieren (+4) studiare
Stuhl (Stühle, m) sedia
suchen (+4) cercare
Summe (-n, f) somma, importo
süß dolce
Süßigkeiten (pl) dolci
sympathisch simpatico
System (-e, n) sistema

T

Tag (-e, m) giorno
Tal (Täler, n) valle
Tankstelle (-n, f) distributore di benzina
tanzen (+4) ballare, danzare
Tasche (-n, f) tasca; borsa
Taschentuch (-tücher, n) fazzoletto
Teil (-e, m) parte
teilen (+4) dividere
teil | nehmen* (an +4) prendere parte (a)
Telefon (-e, n) telefono
tele·fonieren telefonare
teuer caro, costoso
Theater (n) teatro
tief profondo; basso
Tier (-e, n) animale
Tisch (-e, m) tavola
Tod (-e, m) morte
Ton (Töne, m) suono, tono
Tor (-e, n) portone
Tor! goal! (calcio)
tot morto
Tourist (-en, m) turista (m)
Touristin (-nen, f) turista (f)
tragen* (+4) portare
Transport (-e, m) trasporto
Traum (Träume, m) sogno
träumen (+4) sognare
treffen* (+4) incontrare
treffen, sich trovarsi, incontrarsi
trennen (+4) separare
Treppe (-n, f) scala
treu fedele
trinken* (+4) bere
Trinkgeld (-er, n) mancia
trocken secco, asciutto
trocknen (+4) asciugare
trotz malgrado, nonostante
trotzdem malgrado/nonostante ciò
tun* (+4) fare
Tür (-en, f) porta

U

U-Bahn (-en, f) metrò, metropolitana
über sopra, al di sopra di, su
überall dappertutto
überhaupt nicht non ... affatto
über·queren (+4) attraversare
über·raschen (+4) sorprendere
über·setzen (+4) tradurre
über·zeugen (+4) convincere, persuadere
übrigens del resto, tra l'altro
um·kehren (s) tornare
umsonst per niente, gratis
unbedingt assolutamente
und e, ed
Unfall (-fälle, m) incidente
ungefähr circa, press'a poco

ungerecht ingiusto
Unglück (-e, n) sfortuna
unglücklich sfortunato; infelice
Universität (-en, f) università
unmöglich impossibile
Unrecht torto
Unrecht haben* avere torto
unten giù
unter sotto, al di sotto
unter anderem tra l'altro
unter·halten*, sich conversare
Unterschied (-e, m) differenza
unterschiedlich diverso
unter·schreiben* (+4) sottoscrivere, firmare
Urlaub (-e, m) ferie, vacanze

V

vegetarisch vegetariano
Verabredung (-en, f) appuntamento
ver·bieten* (+3 +4) vieta-re, proibire
verbindlich obbligatorio
Verbindung (-en, f) coincidenza
verboten vietato
ver·derben (s) andare a male
ver·dienen (+4) guadagnare
vergeblich invano
ver·gessen* (+4) dimenticare
verheiratet sposato
ver·kaufen (+3 +4) vendere
Verkehr (sg m) traffico
ver·lassen* (+4) lasciare; abbandonare
Verleih (sg m) noleggio
ver·leihen* (+4) prestare
ver·letzen, sich ferirsi
ver·lieren* (+4) perdere
ver·meiden* (+4) evitare
ver·mieten (+4) affittare, noleggiare
ver·muten supporre
ver·passen (+4) perdere (p.es. il treno)
verrückt pazzo, matto, folle
verschieden diverso, differente
ver·späten, sich essere in ritardo
Verspätung (-en, f) ritardo
ver·sprechen* (+3 +4) promettere
Verstand (sg m) intelletto, ragione
ver·stehen* (+4) capire; comprendere; intendere
ver·suchen (+4) provare; tentare
ver·teidigen (+4) difendere
viel molto, tanto
vielleicht forse; può darsi
Vogel (Vögel, m) uccello
Volk (Völker, n) popolo
voll pieno (di)
vollständig intero, completo
von di, da
vor davanti a; prima di
vor allem soprattutto, anzitutto
vorbei passato, finito
vorbei | kommen* (s) passare
vor | bereiten (+4) preparare
vorher prima
vorig scorso; precedente
Vorname (-n, m) nome (di battesimo)
Vorsicht (sg f) attenzione, cautela, precauzione
vorsichtig attento, cauto, prudente
vorwärts avanti

W

wach sveglio
Waffe (-n, f) arma
Wagen (m) caro; macchina
wählen (+4) eleggere, scegliere
wahr vero
während mentre; durante
Wahrheit (-en, f) verità
wahrscheinlich probabilmente
Wald (Wälder, m) bosco, selva, foresta
warm caldo
Wärme (sg f) caldo, calore
warten (auf +4) aspettare, attendere
waschen* (+4) lavare
Wasser (n) acqua

Wasserfall (-fälle, m) cascata
wechseln (+4) cambiare
wecken (+4) svegliare
Weg (-e, m) via, cammino, sentiero
wegen a causa di, per
weg | fahren* (s) partire
weich molle, morbido
weil perché, poiché, siccome
Wein (-e, m) vino
weinen piangere
weit lontano, distante
Welt (-en, f) mondo
wenige pochi/-e
weniger meno
wenigstens almeno
wenn se
werden* (s) (+4) diventare, divenire
werfen* (+4) gettare, buttare
Werkstatt (-stätten, f) officina
Wetter (sg n) tempo
wichtig importante
wie come
wieder di nuovo
wieder·holen (+4) ripetere
wieder | holen (+4) riprendere
wieder | sehen* (+4) rivedere
willkommen benvenuto
Wind (-e, m) vento
Winter (m) inverno
wirklich reale
Wirklichkeit (-en, f) realtà
wissen* (+4) sapere
Wissenschaft (-en, f) scienza
woanders altrove
wohl | fühlen, sich stare bene, sentirsi bene
wohnen abitare
Wohnung (-en, f) appartamento
wollen (+4) volere
wollen: lieber ~ (+4) preferire
Wort (Wörter, n) parola
Wunde (-n, f) ferita
wunderbar meraviglioso
wundern, sich (über +4) meravigliarsi (di)
Wunsch (Wünsche, m) desiderio
wünschen (+4) desiderare; augurare

Z

Zahl (-en, f) numero
zählen (+4) contare
Zeichen (f) segno
zeigen (+4) mostrare, far vedere
Zeit (-en, f) tempo
Zeitschrift (-en, f) rivista
Zeitung (-en, f) giornale
Zentrum (Zentren, n) centro
zer·brechen* (+4) rompere
zer·stören (+4) distruggere, rovinare
ziehen* tirare, trarre
Ziel (-e, n) meta, scopo
ziemlich abbastanza, piuttosto
Zigarette (-n, f) sigaretta
Zimmer (n) camera, stanza
zu / geschlossen chiuso
zu / nach a, in (direzione)
zuerst anzitutto, (dap)prima
Zug (Züge, m) treno
zuhören (+3) ascoltare
Zukunft (f) futuro
zuletzt per/da ultimo
zurück indietro, di ritorno
zurück | kehren (s) ritornare
zusammen (mit +3) insieme (a)
zu | stimmen (+3) accettare
zuviel troppo
Zweifel (m) dubbio
zwischen fra, tra
Zwischenzeit: in der ~ nel frattempo

Vocabolario Italiano – Tedesco

A

a bei; bis; an
a buon mercato billig, preiswert
a causa di wegen
a fianco di neben
a, in (direzione) nach (luoghi), zu (persone)
a lungo lange
a quel tempo damals
abbandonare ver·lassen* (+4)
abbastanza ziemlich
abitare wohnen
abito Kleid (-er, n), Anzug (-züge, m)
abituarsi (a) sich ge·wöhnen (an +4)
accadere ge·schehen* (s), pa·ssieren
accanto a neben
accendere (la luce) an | machen (+4)
accettare zu | stimmen (+3)
acchiappare fangen (+4)
accogliente bequem
accompagnare be·gleiten (+4)
accorgersi (di) be·merken (+4)
acqua Wasser (n)
ad un tratto plötzlich
addormentarsi ein | schlafen* (s)
adirato böse
adulto Erwachsene (-en, m)
aereo Flugzeug (-e, m)
aeroporto Flughafen (-häfen, m)
affettuoso herzlich
affinché damit (um zu)
affittare mieten (+4); ver·mieten (+4)
affitto Miete (-n, f)
agenzia viaggio Reisebüro (-s, n)
agire handeln (mit +4)
agricoltura Landwirtschaft (sg f)
aiutare helfen* (+3)
aiuto Hilfe (-n, f)
al di sopra di über
al massino höchstens
albergo Hotel (-s, n)
albero Baum (Bäume, m)
alcuni/-e paar, einige
all'improvviso plötzlich
all'inizio (di) am Anfang
all'interno innen
allegro heiter, fröhlich, lustig
allevare er·ziehen* (+4) (bambini); züchten (animali)
allora also; damals; dann
almeno mindestens, wenigstens
altezza Höhe (-n, f), Größe (-n, f)
alto hoch; groß
altrettanto ebenfalls
altrimenti andernfalls, sonst
altro anderer
altrove anderswo(hin), woanders
alzare hoch | heben* (+4)
alzarsi auf | stehen* (s)
amare lieben (+4)
amica Freundin (-nen, f)
amico Freund (-e, m)
ammalarsi krank werden* (s)
amore Liebe (sg f)
analcolico nichtalkoholisch
anche auch, ebenfalls
ancora noch
andare gehen* (s)
andare (in macchina) (mit dem Auto) fahren* (s)
andare a male ver·derben (s)
andare a prendere holen (+4)
andare a trovare be·suchen (+4)
andare in aereo fliegen* (s)
andare/venire a prendere ab | holen (+4)
andata Hinfahrt (-en, f)
angolo Ecke (-n, f)
anima Seele (-n, f)
animale Tier (-e, n)
animo Mut (sg m)
annoiarsi sich langweilen
annuncio Anzeige (-n, f)
antico alt, antik
anziano alt

anzitutto zuerst
aperto geöffnet
appartamento Wohnung (-en, f)
appartenere (a) ge·hören (zu +3)
appena (gerade) eben; kaum; sobald
appetito Appetit (sg m)
appuntamento Verabredung (-en, f)
appunto genau, eben
aprire öffnen (+4)
ardere brennen*
argento Silber (sg n)
aria Luft (Lüfte, f)
arma Waffe (-n, f)
arrabbiarsi sich ärgern
arrivare an | kommen* (s)
arrivo Ankunft (-künfte, f)
arte Kunst (Künste, f)
asciugamano Handtuch (-tücher, n)
asciugare trocknen (+4)
asciutto trocken
ascoltare hören (+4)
aspettare warten (auf +4), er·warten (+4)
assaggiare kosten (+4), pro·bieren (+4)
assegno (bancario) Scheck (-s, m)
assolutamente unbedingt
attendere warten (auf +4), er·warten (+4)
attento aufmerksam, vorsichtig
attenzione Achtung (sg f), Vorsicht (sg f)
attimo Augenblick (-e, m), Moment (-e, m)
attraversare über·queren (+4)
attraverso (hin)durch, quer
augurare wünschen (+4)
augurio Glückwunsch (-wünsche, m)
Austria Österreich (sg n)
auto Auto (-s, n)
autobus Bus (-se, m)
autostrada Autobahn (-en, f)
autunno Herbst (sg m)
avanti vorwärts
aver bisogno (di) nötig haben* (+4), brauchen (+4)
aver voglia (di) Lust haben* (zu +4)
avere haben* (+4)
avere freddo frieren*
avere luogo statt | finden*
avere paura (di) Angst haben (vor +3/+4)
avere ragione recht haben*
avere torto unrecht haben*
avviso Anzeige (-n, f)

B

baciare küssen (+4)
badare (a) auf | passen (auf +4)
bagaglio Gepäck (sg n)
bagnato nass
bagno Bad (Bäder, n)
ballare tanzen (+4)
bambino Kind (-er, n)
banca Bank (-en, f)
banco Bank (Bänke, f)
basso niedrig; tief
battere schlagen* (+4)
batteria Batterie (-n, f)
beato glücklich
bello schön
benché obgleich, obwohl
bensì sondern
benvenuto willkommen
benzina Benzin (sg n)
bere trinken* (+4)
bevanda Getränk (-e, n)
bibita Getränk (-e, n)
bicicletta Fahrrad (-räder, n)
biglietto Fahrkarte (-n, f)
birra Bier (-e, n)
bollire kochen
borsa Tasche (-n, f)
borsetta Handtasche (-n, f)
bosco Wald (Wälder, m)
bottiglia Flasche (-n, f)
breve kurz
bruciare brennen*
buffo komisch
buio dunkel
buono gut
bussare klopfen
buttare werfen* (+4)

C

c'è bisogno di es ist nötig
cadere fallen* (s)
caffè (bar) Café (-s, n)
calcio Fußball (-bälle, m)

calcolare rechnen (+4)
caldo warm, heiß; Wärme (sg f), Hitze (sg f)
calma Ruhe (sg f)
calmo ruhig
calore Hitze (sg f), Wärme (sg f)
calzoni Hose (-n, f)
cambiare sich ändern; wechseln (+4)
camera Zimmer (n)
cameriere Kellner (m)
camicetta Bluse (-n, f)
camicia Hemd (-en, n)
camminare gehen* (s), laufen* (s)
cammino Weg (-e, m)
campagna Land (Länder, n)
campanello Klingel (-n, f)
campeggio Campingplatz (-plätze, m)
candela Kerze (-n, f)
cane Hund (-e, m)
cantare singen* (+4)
canzone Lied (-er, n)
capace (di) fähig (zu)
capelli Haare (pl)
capire ver·stehen* (+4)
capire male falsch ver·stehen* (+4)
capitale Hauptstadt (-städte, f)
capo Kopf (Köpfe, m)
cappotto Mantel (Mäntel, m)
carica Behörde (-n, f)
carino nett
caro lieb; teuer
carta Papier (sg n); Landkarte (-n, f); Speisekarte (-n, f)
carta d'identità Personalausweis (-e, m)
carta di credito Kreditkarte (-n, f)
casa Haus (Häuser, n)
casalinga Hausfrau (-en, f)
caso Fall (Fälle, m)
cassa Kasse (-n, f)
castello Schloss (Schlösser, n)
cattivo böse; schlecht
causa Grund (Gründe, m)
cautela Vorsicht (sg f)
celebrazione Feier (-n, f)
centro Mitte (-n, f); Zentrum (Zentren, n)
centro storico Altstadt (sg f)
cercare suchen (+4)
certo sicher; doch
che (comparazione) als
che (congiunzione) dass
chiamare rufen* (+4); nennen* (+4)
chiamare (telefonare) an | rufen (+4)
chiamarsi heißen
chiaro hell, klar
chiasso Lärm (sg m)
chiave Schlüssel (n)
chiedere fragen (+4)
chiesa Kirche (-n, f)
chiudere schließen* (+4)
chiuso zu, geschlossen
ci (qua) da, dort(hin)
ciascuno jeder
cibo Essen (sg n)
cielo Himmel (m)
cinema Kino (-s, n)
ciò che das, was
cioccolata Schokolade (-n, f)
cioè nämlich
circa etwa, ungefähr
città Stadt (Städte, f)
classe Klasse (-n, f)
cogliere sammeln (+4)
cognome Nachname (-n, m)
coincidenza Verbindung (-en, f)
colore Farbe (-n, f)
colpa Schuld (sg f)
combattere (per) kämpfen (um +4)
come wie
come se als ob
comico komisch
cominciare an | fangen* (mit +4)
commerciare (con) handeln (mit +4)
commercio Handel (sg m)
comodo bequem
compleanno Geburtstag (-e, m)
completamente ganz, alles
completo ganz, alles, vollständig
comprare kaufen (+4)
comprendere ver·stehen* (+4)
comune allgemein
con mit
con piacere gern,

mit Vergnügen
con questo damit
concerto Konzert (-e, n)
condizione Bedingung (-en, f)
confine Grenze (-n, f)
confortevole bequem
confuso durcheinander
conoscente (f) Bekannte (-n, f)
conoscente (m) Bekannter (-n, m)
conoscere kennen* (+4)
conosciuto bekannt
consiglio Rat(schlag) (-schläge, m)
consistere (in) be·stehen* (aus +3)
contadino Bauer (-n, m)
contare zählen (+4), rechnen (+4)
contento froh, zufrieden
continuo dauernd
conto Rechnung (-en, f)
contorni Beilagen (pl)
contro gegen
controllare prüfen (+4)
conversare sich unter·halten*
conversazione Gespräch (-e, n)
convincere über·zeugen (+4)
coperta Decke (-n, f)
coppia Ehepaar (-e, n)
coraggio Mut (sg m)
cordiale herzlich
corpo Körper (m)
corrente (elettrica) Strom (sg m)
correre laufen* (s), rennen* (s)
corsa Fahrt (-en, f)
cortese höflich
corto kurz
cosa Sache (-n, f)
così so
cosicché so dass
costa Küste (-n, f)
costare kosten
costoso teuer
costruire bauen (+4)
costume da bagno Badeanzug (-züge, m)
credere glauben (+3 +4), meinen (+4)
crudo roh
cucina Küche (-n, f)
cucinare kochen (+4)
cucire nähen (+4)
cultura Kultur (-en, f)
cuocere kochen (+4)
cuoio Leder (sg n)
cuore Herz (-en, n)
curare heilen (+4)
curioso neugierig

D

da bei (Personen)
da (temporale) seit
da, di aus, von
da molto seit langem
da qualche parte irgendwo
dappertutto überall
dapprima zuerst
dare geben* (+3 +4)
data Datum (sg n)
davanti a vor
debiti Schulden (pl)
debole schwach
decider(si) (a) sich ent·schließen* (zu +4)
decidere (di/su) ent·scheiden* (über +4)
denaro Geld (-er, n)
dentro in, innen; hinein
denuncia Anzeige (-n, f)
desiderare wünschen (+4)
desiderio Wunsch (Wünsche, m)
di (comparazione) als
di, da aus, von
di fronte (a) gegenüber (von)
di modo che damit (um zu)
di nuovo von neuem, nochmal, wieder
di più mehr
di preciso genau, präzise
di ritorno zurück
di solito im Allgemeinen
dialogo Gespräch (-e, n)
dietro a hinter
difendere ver·teidigen (+4)
differente verschieden
differenza Unterschied (-e, m)
difficile schwierig
difficoltà Schwierigkeit (-en, f)
diligente fleißig
dimenticare ver·gessen* (+4)
Dio Gott (Götter, m)
dipendere (da) ab | hän-

gen*
(von +3)
dipingere malen (+4)
dire sagen (+3 +4)
direzione Richtung (-en, f)
diritto gerade(aus); Recht (-e, n)
discorso Gespräch (-e, n)
distante fern, weit
distanza Entfernung (-en, f)
distributore Automat (-en, m)
distributore di benzina Tankstelle (-n, f)
distruggere zer·stören (+4)
disturbare stören (+4)
ditta Firma (Firmen, f)
divenire werden* (s) (+4)
diventare werden* (s) (+4)
diversi einige
diverso anders, verschieden, unterschiedlich
divertirsi sich a·müsieren
dividere teilen (+4)
doccia Dusche (-n, f)
documento Ausweis (-e, m)
dolce süß; Kuchen (m)
dolci Süßigkeiten (pl)
dolore Schmerz (-en, m)
domanda Frage (-n, f)
domandare fragen (+3 +4); bitten* (um +4)
donna Frau (-en, f)
dono Geschenk (-e, n)
dopo danach, dann; nach; nachher
dormire schlafen*
dottore Arzt (Ärzte, m)
dovere müssen* (+4); sollen
dubbio Zweifel (m)
dunque also
duomo Dom (-e, m)
durante während
durare dauern
duro hart

E

e und
eccetto außer
economico billig, preiswert
edificio Gebäude (n)
educare er·ziehen* (+4)
eleggere wählen (+4), aus | wählen (+4)
elettricità Elektrizität (sg f)
elevato hoch
entrambi beide
entrare ein | treten* (s)
entrata Eingang (-gänge, m)
entro in
errore Fehler (m)
esaminare prüfen (+4)
esatto genau, richtig, präzise
esempio Beispiel (-e, n)
esistere ex·istieren; sein* (s)
esserci da sein* (s)
essere sein* (s)
essere d'accordo einverstanden sein* (s)
essere in ritardo sich ver·späten
essere valido gelten*
est Osten (sg m)
estate Sommer (m)
estero Ausland (sg n)
età Alter (sg n)
europeo europäisch
evitare ver·meiden* (+4)

F

fabbrica Fabrik (-en, f)
fabbricare her·stellen (+4)
facile einfach
falso falsch
fame Hunger (sg m)
famiglia Familie (-n, f)
familiare bekannt
famoso berühmt
far vedere zeigen (+4)
farcela es schaffen
fare machen (+4), tun* (+4)
fare attenzione (a) Acht | geben* (auf +4), auf | passen (auf +4)
fare festa feiern (+4)
fare la doccia duschen
fare la spesa ein | kaufen (+4)
fare un bagno baden
farsi la barba sich rasieren
fatica Mühe (-n, f)
fatto gemacht; Tatsache (-n, f)
fatto a mano handgemacht
fattura Rechnung (-en, f)
fazzoletto Taschentuch (-tücher, n)
fedele treu
felice glücklich
felicità Glück (sg n)

ferie Ferien (pl), Urlaub (-e, m)
ferirsi sich ver·letzen
ferita Wunde (-n, f)
fermarsi (an |)halten*, stehen | bleiben* (s); bleiben* (s)
fermata Haltestelle (-n, f)
fermo fest
ferro Eisen (n)
ferrovia Eisenbahn (-en, f)
festa Feier (-n, f)
festeggiare feiern (+4)
fiera Ausstellung (-en, f)
fiero (di) stolz (auf +4)
film (TV) Film (-e, m)
finalmente endlich
finché bis
fine Ende (-n, n)
finestra Fenster (n)
finire di auf | hören (mit +4)
finito aus, vorbei; fertig
fino fein, dünn
fino a bis
finora bis jetzt, bisher
fiore Blume (-n, f)
firmare unter·schreiben* (+4)
fisso fest
fiume Fluss (Flüsse, m)
folle verrückt
foresta Wald (Wälder, m)
forse vielleicht
forte stark
fortuna Glück (sg n)
fortunatamente glücklicherweise
fortunato glücklich
forza Kraft (Kräfte, f); Gewalt (sg f)
fotografare foto·grafieren (+4)
fra in; zwischen
fra poco bald, gleich
francese französisch; Franzose (-n, m), Französin (-nen, f)
Francia Frankreich (sg n)
frattanto inzwischen
freddo kalt; Kälte (sg f)
frequentare be·suchen (+4)
fresco frisch
fretta Eile (sg f)
frontiera Grenze (-n, f)
frutta Frucht (Früchte, f), Obst (sg n)
fuggire fliehen* (s)
fumare rauchen (+4)
funzionare funktionieren
fuoco Feuer (n)
fuori draußen; hinaus
fuori di, al di ~ außerhalb
futuro Zukunft (f)

G

gasolio Diesel (sg m)
gatto Katze (-n, f)
gelato Eis (sg n)
generale allgemein
genere Art (-en, f)
gente Leute (pl)
gentile freundlich
gentile nett, freundlich
Germania Deutschland (sg n)
gettare werfen* (+4)
già schon
giacca Jacke (-n, f)
giacere liegen*
giardino Garten (Gärten, m)
giocare spielen (+4)
gioco Spiel (-e, n)
gioia Freude (-n, f)
giornale Zeitung (-en, f)
giorno Tag (-e, m)
giovane jung
giro Ausflug (-flüge, m)
gita Ausflug (-flüge, m)
giù unten
giungere an | kommen* (s)
giustizia Gerechtigkeit (sg f)
giusto richtig; gerecht
giusto adesso (gerade) eben
goal! (calcio) Tor!
godere ge·nießen* (+4)
gonna Rock (Röcke, m)
governo Regierung (-en, f)
grande groß
grandezza Größe (-n, f)
grasso dick, fett; Fett (-e, n)
gratis umsonst
grave ernst
gridare schreien*, rufen* (+4)
griglia Grill (-s, m)
grosso dick, fett
guadagnare ver·dienen (+4)
guardare an | sehen* (+4)
guardare la televisione fern | sehen*
guarire heilen (+4)
guasto kaputt
guasto (al motore)

(Auto)Panne (-n, f)
guerra Krieg (-e, m)
guidare lenken (+4); fahren* (s) (mit +3)
gusto Geschmack (sg m)

I

idea Gedanke (-n, m), Idee (-n, f)
imparare lernen (+4)
importante wichtig
importo Summe (-n, f)
impossibile unmöglich
imposta Steuer (-n, f)
in an
in (a) in
in, a (direzione) nach (luoghi), zu (persone)
in alto hinauf
in confronto a gegen
in discesa hinunter
in generale im Allgemeinen
in giù hinunter
in luogo di anstatt
in nessun luogo nirgends
in qualche luogo/posto irgendwo
in qualche modo irgendwie
in questo modo auf diese Art
in seguito nachher
in seguito danach, dann
in su hinauf
in tutto/totale insgesamt
in; a an
incidente Unfall (-fälle, m)
incominciare an|fangen* (mit +4)
incontrare be·gegnen (s) (+3), treffen* (+4)
incontrarsi sich treffen
indietro zurück
indossare an|ziehen* (+4)
infelice unglücklich
infine endlich
informazione Auskunft (-künfte, f)
Inghilterra England (sg n)
ingiusto ungerecht
inglese englisch; Engländer (-, m), Engländerin (-nen, f)
ingresso Eingang (-gänge, m); Eintritt (-e, m)
inizio Anfang (-fänge, m)
inoltre außerdem
insegnare lehren (+4)
insieme (a) zusammen (mit +3)
intanto inzwischen
intelletto Verstand (sg m)
intelligente intelligent
intendere meinen (+4); ver·stehen* (+4)
interessante interessant
interessarsi (di) sich inter·essieren (für +4)
intero ganz, alles, vollständig
invano vergeblich
invece sondern
invece di anstatt
inverno Winter (m)
inviare schicken (+3 +4)
invitare ein|laden (+4)
isola Insel (-n, f)
Italia Italien (sg n)
italiana Italienerin (-nen, f)
italiano italienisch; Italiener (m)

L

l'ultimo/-a der/die/das letzte
l'uno con l'altro miteinander
l'uno l'altro einander
là, laggiù dort(hin)
lago See (-n, m)
lampada Lampe (-n, m)
largo breit
lasciare lassen* (+4); ver·lassen* (+4)
lato Seite (-n, f)
latte Milch (sg f)
lavaggio Reinigung (-en, f)
lavare waschen* (+4)
lavorare arbeiten
lavoro Arbeit (-en, f)
legge Gesetz (-e, n)
leggere lesen* (+4)
leggero leicht
legno Holz (Hölzer, n)
lento langsam
letteratura Literatur (sg f)
letto Bett (-en, n)
levare (auf|)heben* (+4)
levarsi auf|stehen* (s)
lì, là da
libero frei
libertà Freiheit (-en, f)
libro Buch (Bücher, n)
lieto froh

lingua Sprache (-n, f)
lingua straniera Fremdsprache (-n, f)
liquido flüssig
lite Streit (-s, m)
lo stesso dasselbe
lontano fern, weit
lottare kämpfen
luce Licht (-er, n)
luna Mond (-e, m)
lunghezza Länge (-n, f)
lungo lang; längs, entlang
luogo Ort (-e, m)

M

ma aber; sondern
macchina Auto (-s, n), Wagen (m)
magnifico großartig
magro dünn, mager
mai più nie wieder
maiale Schwein (-e, n)
malato krank
malattia Krankheit (-en, f)
male schlecht; Schmerz (-en, m)
malgrado trotz (+2)
malgrado ciò trotzdem
mancare fehlen
mancia Trinkgeld (-er, n)
mandare schicken (+3 +4)
mangiare essen* (+4)
marco Mark (sg f)
mare Meer (-e, n)
matita Bleistift (-e, m)
matrimonio Ehe (-n, f)
matto verrückt
maturo reif
medicina Medikament (-e, n), Medizin (sg f)
medico Arzt (Ärzte, m)
meglio besser
meno weniger
mentre während
menù Speisekarte (-n, f)
meravigliarsi (di) sich wundern (über +4)
meraviglioso großartig, wunderbar
mercato Markt (Märkte, m)
mestiere Beruf (-e, m); Handwerk (sg n)
meta Ziel (-e, n)
metà Hälfte (-n, f)
metrò U-Bahn (-en, f)
metropolitana U-Bahn (-en, f)
metter(si) an | ziehen* (+4)
mettere legen (+4), setzen (+4), stellen (+4)
mettersi a an | fangen* (mit +4)
mezzo halb; Mitte (-n, f)
miele Honig (sg m)
migliore bessere(r, -s)
moda Mode (-n, f)
moderno modern
modo Art (f)
molle weich
molto sehr; viel
momento Augenblick (-e, m), Moment (-e, m)
mondo Welt (-en, f)
montagna Gebirge (n)
monte Berg (-e, m)
monumento Denkmal (-e, n)
morbido weich
morire sterben* (s)
morte Tod (-e, m)
morto tot
mosca Fliege (-n, f); Mücke (-n, f)
mostra Ausstellung (-en, f)
mostrare zeigen (+4)
motivo Grund (Gründe, m)
moto(cicletta) Motorrad (-räder, n)
motore Motor (-en, m)
multa Geldstrafe (-n, f)
muovere be·wegen (+4)
museo Museum (Museen, n)
musica Musik (-en, f)

N

nafta Öl (-e, n)
nato geboren
natura Natur (-en, f)
naturale; naturalmente natürlich
nave Schiff (-e, n)
nazionale national
nazione Nation (-en, f)
neanche auch nicht
necessario nötig
negozio Geschäft (-e, n), Laden (Läden, m)
nel frattempo inzwischen, in der Zwischenzeit
nessuno keiner, niemand
nient'altro nichts anderes
niente nichts
no nein

noioso langweilig
noleggiare ver·mieten (+4); mieten (+4)
noleggio Verleih (sg m)
nome (di battesimo) Vorname (-n, m)
nominare nennen* (+4)
non nicht
non ... affatto überhaupt nicht
non ... affatto gar nicht
non ... ancora noch nicht
non ... mai nie
nonostante trotz (+2)
nonostante ciò trotzdem
normale normal
notare be·merken (+4)
notizie Nachrichten (pl)
noto bekannt
nozze Hochzeit (-en, f)
nudo nackt
numero Zahl (-en, f)
numero segreto Geheimzahl (-en, f)
nuotare schwimmen* (s)
nuovo neu

O

o oder
obbligatorio verbindlich
occasione Gelegenheit (-en, f)
occhiali Brille (-, f)
occorre es ist nötig
occupato besetzt
odiare hassen (+4)
offerta Angebot (-e, n)
officina Werkstatt (-stätten, f)
offrire (a) an | bieten* (+3 +4)
ogni jeder
olio Öl (-e, n)
oltre außer
ombra Schatten (m)
opinione Meinung (-en, f)
oppure oder
ora jetzt, nun; Stunde (-n, f); Uhr(zeit) (-en, f)
orario stündlich; Fahrplan (-pläne, m)
ordinare be·stellen (+4)
orgoglioso (di) stolz (auf +4)
oro Gold (sg n)
oscurità Dunkelheit (sg f)
oscuro dunkel
ospitale gastfreundlich
ospite Gast (Gäste, m)
osservare be·merken (+4)
osteria Gaststätte (-n, f)
ottenere be·kommen* (+4), er·halten (+4)

P

pace Frieden (sg m)
paese Dorf (Dörfer, n), Land (Länder, n)
pagare be·zahlen (+4)
pagina Seite (-n, f)
paio Paar (-e, n)
pallone Fußball (-bälle, m)
pane Brot (-e, n)
panino Brötchen (n)
pantaloni Hose (-n, f)
parcheggiare parken (+4)
parere aus | sehen*
parlare reden, sprechen*
parmigiano Parmesankäse (sg m)
parola Wort (Wörter, n)
parrucchiere Friseur (-e, m)
parte Teil (-e, m); Seite (-n, f)
partenza Abfahrt (-en, f)
particolare besondere(r, -s)
partire ab | fahren* (s), weg | fahren* (s)
passaporto Pass (Pässe, m)
passare vorbei | kommen* (s)
passato vorbei; vorig
passeggero Passagier (-e, m)
passeggiata Spaziergang (-gänge, m)
patente di guida Führerschein (-e, m)
patria Heimat (-en, f)
paura Angst (Ängste, f)
paziente geduldig
pazzo verrückt
peccato schade
pelle Haut (f), Leder (sg n)
penna a sfera Kugelschreiber (m)
pensare glauben (+3 +4), meinen (+4)
pensare (a) denken* (an +4)
pensiero Gedanke (-n, m)

pensione Rente (-n, f)
per für
per affari geschäftlich
per/da ultimo zuletzt
per esempio zum Beispiel
per fortuna zum Glück
per lo meno mindestens
per me (per causa mia) meinetwegen
per mezzo di durch (mittels)
per niente umsonst
per questo darum, dafür, deshalb
percento Prozent (-e, n)
perché weil; damit (um zu)
perciò darum, deshalb
perdere ver·lieren* (+4)
perdere (p.es. il treno) ver·passen (+4)
perfino/persino sogar
pericolo Gefahr (-en, f)
permesso Erlaubnis (sg f)
permettere er·lauben (+3 +4)
però doch
persona Person (-en, f)
personale persönlich
persuadere über·zeugen (+4)
pesante schwer
peso Gewicht (-e, n)
petrolio Öl (-e, n)
pezzo Stück (-e, n)
piacere ge·fallen* , mögen* (+4); Freude (-n, f)
piacevole angenehm
piangere weinen
piano flach; Plan (Pläne, m); Stockwerk (-e, n)
piatto flach; Teller (m), Gericht (-e, n)
piazza Platz (Plätze, m)
piccante scharf
picchiare schlagen* (+4)
piccolo klein
pieno (di) voll
pietra Stein (-e, m)
pigro faul
pillola Pille (-n, f)
piovere regnen
piscina Schwimmbad (-bäder, n)
più mehr
più o meno etwa
piuttosto ziemlich
pochi/-e wenige
poi danach, dann
poiché weil
politica Politik (sg f)
ponte Brücke (-n, f)
popolo Volk (Völker, n)
porco Schwein (-e, n)
porre stellen (+4), setzen (+4)
porta Tür (-en, f)
portare bringen* (+3 +4), tragen* (+4)
porto Hafen (Häfen, m)
portone Tor (-e, n)
possibile möglich
posto Platz (Plätze, m), Ort (-e, m)
potere können*; Gewalt (sg f)
povero arm
precedente vorig
precisamente nämlich
preferire be·vorzugen (+4), lieber wollen (+4)
pregare bitten* (um +4)
premere drücken (+4)
prendere nehmen* (+4)
prendere in prestito aus | leihen* (+4)
prendere parte (a) teil | nehmen* (an +4)
prenotare buchen (+4), reservieren (+4)
preoccuparsi (di) sich sorgen (um +4)
preoccupato besorgt
preparare vor | bereiten (+4)
presidente Präsident (-en, m)
press'a poco beinahe, fast, ungefähr
pressare drücken (+4)
presso nahe(bei), bei
pressoché fast, beinahe
prestare ver·leihen* (+4)
presto bald; schnell
prezzo Preis (-e, m)
prigione Gefängnis (-se, n)
prima zuerst, vorher; früher
prima di/che vor, bevor
primavera Frühling (-e, m)
privato privat
probabilmente wahrscheinlich
problema Problem (-e, n)
prodotto Erzeugnis (-se, n)
professione Beruf (-e, m)
profondo tief
progetto Plan (Pläne, m)

proibire ver·bieten* (+3 +4)
promettere ver·sprechen* (+3 +4)
pronto fertig
pronto soccorso Erste Hilfe
pronunciare aus|sprechen* (+4)
proprio genau, (gerade) eben
proprio niente gar nichts
prossimo nächster
provare prüfen (+4), ver·suchen (+4)
prudente vorsichtig
pubblico öffentlich
pulire putzen
pulito rein, sauber
punizione Strafe (-n, f)
può darsi vielleicht
pure auch, ruhig
pure, eppure doch
puro echt, rein
purtroppo leider

Q

qua da
quadro Bild (-er, n)
qualche einige
qualche volta manchmal
qualcosa etwas
qualcos'altro etwas anderes
qualcun altro jemand anders
qualcuno (irgend)jemand
qualità Qualität (-en, f)
qualora ob
qualora (se) falls
qualsiasi irgendein
qualsiasi/qualunque cosa irgendetwas
qualunque irgendein
quando als
quantità Menge (-n, f)
quasi fast, beinahe
quello/-a che das, was
questione Frage (-n, f)
qui hier
quindi also

R

raccogliere sammeln (+4)
raffreddarsi sich er·kälten
raffredore Erkältung (-en, f)
ragione Verstand (sg m); Grund (Gründe, m)
rallegrarsi (su) sich freuen (über +4)
rapido schnell
raro selten
reale wirklich
realtà Wirklichkeit (-en, f)
regalare schenken (+3 +4)
regalo Geschenk (-e, n)
regione Gegend (-en, f), Gebiet (-e, n)
regolare regelmäßig
religione Religion (-en, f)
repubblica Republik (-en, f)
restare bleiben* (s)
resto Rest (-e, m)
ricco reich
ricevere be·kommen* (+4), er·halten (+4)
ricevuta Quittung (-en, f)
riconoscere er·kennen* (+4)
ricordarsi (di) sich er·innern (an +4); sich merken (+4)
ridere (su) lachen (über +4)
rigido hart
rigoroso streng
rimanere bleiben* (s)
ringraziare (per) danken (+3 für +4)
riparare reparieren (+4)
ripetere wieder·holen (+4)
riposarsi sich aus|ruhen
riprendere wieder|holen (+4)
riscaldare heizen (+4)
rischio Gefahr (-en, f)
riservare buchen (+4), reservieren (+4)
risolvere lösen (+4)
rispondere (a) ant·worten (auf +4)
risposta Antwort (-en, f)
ristorante Restaurant (-s, n)
ritardo Verspätung (-en, f)
ritornare zurück|kehren (s)
ritorno Rückfahrt (-en, f)
riuscire ge·lingen* (s)
rivedere wieder|sehen* (+4)
rivista Zeitschrift (-en, f)
roba Sachen (pl), Zeug (sg n)
rompere zer·brechen* (+4)
rotto kaputt
rovinare zer·stören (+4)
rubare stehlen* (+4)
rumore Lärm (sg m)
rumoroso laut

S

sacro heilig
salire (su) (p.es. bus, treno) ein | steigen* (s) (in +4)
saltare springen* (s)
salutare grüßen (+4)
salute Gesundheit (sg n)
salvare retten (+4)
sangue Blut (sg n)
sano gesund
santo heilig
sapere können*; wissen* (+4)
sapere (di) schmecken (nach +4)
sapone Seife (-n, f)
sasso Stein (-e, m)
sbagliarsi sich irren
sbagliato falsch
sbaglio Fehler (m)
scala Treppe (-n, f)
scappare fliehen* (s)
scarpa Schuh (-e, m)
scegliere wählen (+4); aus | wählen (+4)
scemo dumm
scendere hinunter | gehen* (s)
scendere (dal bus) aus | steigen* (s) (aus dem Bus)
sciare Ski fahren* (s)
scienza Wissenschaft (-en, f)
sciocco dumm
sciopero Streik (-s, m)
scopo Ziel (-e, n)
scoprire ent·decken (+4)
scorso vorig
scrivere schreiben* (+3 +4)
scuola Schule (-n, f)
scusarsi (per) sich ent·schuldigen (für +4)
se ob; wenn
se (qualora) falls
se no falls nicht
sebbene obgleich, obwohl
secco trocken
secolo Jahrhundert (-e, n)
sedere sitzen*
sedersi sich (hin |)setzen
sedia Stuhl (Stühle, m)
segno Zeichen (f)
segreto geheim
seguente nächster
seguire folgen (s) (+3)
selva Wald (Wälder, m)
semplice einfach
sempre immer
senso Sinn (sg m); Richtung (-en, f)
sentiero Weg (-e, m)
sentimento Gefühl (-e, n)
sentire fühlen (+4), spüren (+4)
sentire (udire) hören (+4)
sentirsi sich fühlen
senza ohne
senza che ohne dass
separare trennen (+4)
sereno heiter
serio ernst
servire be·dienen (+4)
seta Seide (sg f)
sete Durst (sg m)
severo streng
sfortuna Unglück (-e, n)
sfortunato unglücklich
sgonfio platt
si (impersonale) man
si (riflessivo) sich
sì ja
siccome weil
sicuro sicher
sigaretta Zigarette (-n, f)
significare be·deuten; heißen
signora Dame (-n, f)
signore Herr (-en, m)
signorina Fräulein (n)
silenzio Ruhe (sg f)
simile ähnlich
simpatico sympathisch
sincero ehrlich
sistema System (-e, n)
smettere (di) auf | hören (mit +4)
soccorso Hilfe (-n, f)
società Gesellschaft (sg f)
soffrire (di) leiden* (an +4)
soggiorno Aufenthalt (-e, m)
sognare träumen (+4)
sogno Traum (Träume, m)
soldi Geld (-er, n)
sole Sonne (-n, f)
solido fest
sollevare hoch | heben* (+4), auf | heben* (+4)
solo allein
solo, soltanto bloß, nur
somigliante ähnlich
somma Summe (-n, f)
sonno Schlaf (sg m)
sopra auf (+3), über

sopra, su oben
soprattutto vor allem, besonders
sorprendere über·raschen (+4)
sorpreso (di) erstaunt (über)
sottile dünn
sotto, al di sotto unter
sottoscrivere unter·schreiben* (+4)
sparare schießen*
specchio Spiegel (m)
speciale speziell; besondere(r, -s)
specialità Spezialität (-en, f)
specialmente besonders
spegnere (la luce) aus | machen (+4) (das Licht)
spendere (denaro) aus | geben* (+4) (Geld)
speranza Hoffnung (-en, f)
sperare hoffen (+4)
speriamo (che) hoffentlich
spesso oft
spiaggia Strand (Strände, m)
spiccioli Kleingeld (sg n)
spiegare er·klären (+3 +4)
sporco schmutzig
sportello Schalter (m)
sposarsi heiraten (+4)
sposato verheiratet
stabilimento Fabrik (-en, f)
stagione Jahreszeit (-en, f)
stancarsi müde werden* (s)
stanco müde
stanza Zimmer (n)
stare (in piedi) stehen*
stare/andare bene (vestiti) passen
stare/sentirsi bene sich wohl | fühlen
stato Staat (-en, m)
stazione Bahnhof (-höfe, m)
stipendio Gehalt (-hälter, n)
storia Geschichte (-n, f)
strada Straße (-n, f)
straniero fremd; merkwürdig;Ausländer (m)
stretto eng, schmal
strumento Instrument (-e, n)
studiare studieren (+4)
stupido dumm
su auf (+4); über
succedere ge·schehen* (s), pa·ssieren
successo Erfolg (-e, m)
sudare schwitzen
sufficiente genügend
suonare klingeln
suono Ton (Töne, m)
supporre an | nehmen*, ver·muten
svegliare wecken (+4)
svegliarsi auf | wachen (s)
sveglio wach
svendita Ausverkauf (-käufe, m)
svenire ohnmächtig werden* (s)
svestirsi sich aus | ziehen*
Svizzera Schweiz (sg f)

T

tacere schweigen*
taglia Größe (-n, f)
tagliare schneiden* (+4)
tale solche(r, -s)
talvolta manchmal
tanto viel
tanto che so dass
tasca Tasche (-n, f)
tassa Steuer (-n, f)
tavola Tisch (-e, m)
taxi Taxi (-s, n)
teatro Theater (n)
tecnica Technik (-en, f)
tedesca Deutsche (-n, f)
tedesco deutsch
tedesco Deutscher (Deutschen, m)
telefonare tele·fonieren
telefonare (a) an | rufen (+4)
telefono Telefon (-e, n)
televisione Fernseher (m)
temperatura Temperatur (-en, f)
tempo Zeit (-en, f); Wetter (sg n)
tempo libero Freizeit (-en, f)
tenere halten* (+4); be·halten (+4)
tenere fermo fest | halten* (+4)
tentare ver·suchen (+4)
terapia Behandlung (-en, f)
terra Erde (sg f)
terribile schrecklich
territorio Gebiet (-e, n)
tessuto Stoff (-e, m)

testa Kopf (Köpfe, m)
timore Angst (Ängste, f)
tirare ziehen*; schießen*
toccare an|fassen (+4), be·rühren (+4)
tono Ton (Töne, m)
tornare um·kehren (s)
torta Kuchen (m)
torto Unrecht
tra zwischen
tra l'altro unter anderem, übrigens
tradurre über·setzen (+4)
traffico Verkehr (sg m)
traghetto Fähre (-n, f)
tranquillo ruhig
trarre ziehen*
trattarsi (di) sich handeln (um +4)
treno Zug (Züge, m)
troppo zuviel, zu sehr, zu ...
troppo tardi zu spät
trovare finden* (+4)
trovarsi sich treffen
turista (f) Touristin (-nen, f)
turista (m) Tourist (-en, m)
tutt'al più höchstens
tutt'e due beide
tuttavia doch
tutti alle
tutto ganz, alles
tutto il resto alles andere

U

uccello Vogel (Vögel, m)
ufficio Amt (Ämter, n); Büro (-s, n)
uguale egal, gleich
ugualmente ebenfalls
umano menschlich
umido feucht
un po' etwas, ein bisschen
una volta einmal
unica einzige (f)
unico einziger (m)
università Universität (-en, f)
uno accanto l'altro nebeneinander
uomo Mensch (-en, m); Mann (Männer, m)
uovo Ei (Eier, n)
urgente dringend
usare be·nutzen (+4)
usato alt, gebraucht
uscire aus|gehen* (s), hin-aus|gehen* (s)
uscita Ausgang (-gänge, m)
utile nützlich

V - Z

vacanze Ferien (pl), Urlaub (-e, m)
valere gelten*
valido gültig
valigia Koffer (m)
valle Tal (Täler, n)
vecchio alt
vedere sehen* (+4)
vegetariano vegetarisch
veleno Gift (-e, n)
veloce schnell
vendere ver·kaufen (+3 +4)
venire kommen* (s)
vento Wind (-e, m)
verdura Gemüse (sg n)
verità Wahrheit (-en, f)
vero echt, wahr
verso gegen
vestire an|ziehen* (+4)
vestito angezogen; Kleid (-er, n), Anzug (-züge, m)
vetro Glas (Gläser, n)
via Weg (-e, m)
viaggiare reisen (s)
viaggio Reise (-n, f), Fahrt (-en, f)
vicino nah(e), in der Nähe
vicino a nahe bei (+3)
vietare ver·bieten* (+3 +4)
vietato verboten
villaggio Dorf (Dörfer, n)
vincere ge·winnen* (+4), siegen
vino Wein (-e, m)
violenza Gewalt (sg f)
vita Leben (n)
vivente lebendig
vivere leben
viveri Lebensmittel (pl)
vivo lebendig
voce Stimme (-n, f)
voglia Lust (sg f)
volare fliegen* (s)
volentieri gern
voler bene gern haben* (+4)
voler dire be·deuten, heißen
volere wollen (+4); mögen* (+4)
volo Flug (Flüge, m)
volta Mal (-e, n)
vuoto leer
zanzara Mücke (-n, f)

L'autrice

Claudia Schmidt è nata nel 1965.

Già da bambina ha viaggiato molto, specialmente in Italia. L'Italia e la lingua italiana le ama da sempre, tanto che ha studiato oltre al tedesco (con specializzazione in linguistica) e all'indonesiano anche l'italiano.

Appassionata di letteratura e poesia tedesca, trova che anche la sua lingua sia molto bella, come la lingua italiana, sia molto attraente. Quindi vorrebbe trasmettere volentieri la sua lingua materna anche alle italiane e agli italiani e far vedere che imparare il tedesco in realtà non è troppo difficile.

Claudia Schmidt ha fatto del suo hobby una professione ed è diventata consulente editoriale per le lingue.

Per la revisione critica e la correzione esprime un sentito ringraziamento al suo insegnante Dr. Alessio Fontana di Colonia e a Piero Cestarollo.